ཨོཾ མ ཎི པདྨེ ཧཱུྃ

DIE WELT DES

DALAI LAMA

Mögen alle empfindenden Wesen glücklich sein.

Mögen alle empfindenden Wesen frei vom Leiden und von den Ursachen des Leidens sein.

Mögen alle empfindenden Wesen nie ohne Glück sein, das kein Leiden kennt.

Mögen alle empfindenden Wesen gleichmütig sein, frei vom Anhaften und vom Zorn,

die manche binden und manche trennen.

DIE WELT DES

DALAI LAMA

Eine Innenansicht seines Lebens,
seines Volkes und seiner Visionen

~

Gill Farrer-Halls

Urania Verlags AG

1. Auflage 1998

ISBN 3-908645-88-3

Titel der Originalausgabe: "The World of the Dalai Lama. An Inside Look at His Life, His People and His Vision", Thorsons, An imprint of HarperCollins Publishers, Hammersmith

Design und Redaktion: The Bridgewater Book Company Ltd
Bildbeschaffung: Jane Moore
Übersetzung: Martin Rometsch
Satz: GBS, CH-3250 Lyss
Printed in Hong Kong

Danksagungen der Autorin
Ich danke Martine Batchelor und Carol Tonkinson, die mir vorschlugen, dieses Buch zu schreiben, sowie Debbie Thorpe, meiner Lektorin bei Godsfield Press, Brenda Rosen, Redakteurin bei Quest Books, und Peter Bridgewater und Caroline Earle bei der Bridgewater Book Company. Dank schulde ich auch Robbie Barnett vom Tibetischen Informationszentrum und Robyn Brentano für ihre Hilfe und ihre Informationen. Mein besonderer Dank gilt Stephen Batchelor für seinen Rat und seine Ermutigung während des ganzen Projekts sowie Jane Moore für ihre sachkundige Arbeit, ihre Freundschaft und ihre Unterstützung.

Frontispiz: Menschen warten auf den Dalai Lama während der Kalachakra-Initiation 1996 in Spiti, Nordindien.
Titelseite: Der Dalai Lama meditiert zu Hause in Dharamsala
Seite 5: Mani-Stein aus dem Dorf Dat in Rupshu, Sanskar.

INHALT

~

Einführung

Wenn ich darüber nachdenke, wird mir klar, daß der Titel dieses Buches ebensogut Die Welten des Dalai Lama *lauten könnte. Sein Leben spielte sich in zwei ganz verschiedenen Welten ab: im fast mittelalterlichen, isolierten, von der Religion durchdrungenen Alttibet seiner Kindheit und in der modernen Zeit. Der Stil seines Büros ist einzigartig, und der Dalai Lama ist einer der wenigen, die mit beiden Welten innig vertraut sind.*

Ganz rechts: ***Gebetsfahnen über dem Kloster Samye in Tibet.***

Unten: ***Der Dalai Lama meditiert zu Hause in Dharamsala.***

Der Ausdruck Alttibet beschwört bestimmte Visionen und Gedanken herauf, teils realistisch, teils den Mythen entlehnt, von denen es in diesem bergigen Königreich so viele gibt. Tibet, bisweilen Shangri-la genannt, war das letzte Land, das mit der modernen Welt Kontakt aufnahm. Es liegt hoch im Himalaya und war einst nur den kühnsten und entschlossensten Reisenden zugänglich. Sie wanderten über gefährliche Gebirgspässe und mieden die für Fremde bestimmten Wege. Aber ihr Lohn war groß, denn sie begegneten einer uralten Kultur, die sich seit Jahrhunderten kaum geändert hatte.

Das alte Tibet war zu etwa zwei Dritteln eine Mönchsrepublik und besaß viele Klöster, manche mit Tausenden von Mönchen. Die meisten Familien schickten mindestens ein Kind ins Kloster. Das war nicht immer seine Berufung, und nicht alle Mönche und Nonnen waren intelligent und in religiöse Studien vertieft. Doch der Weg des Mönches oder der Nonne war ein traditioneller Weg. Die Laien lebten entweder in den wenigen großen Städten oder zogen als Nomaden mit ihrem Vieh umher. Der Buddhismus war Teil ihres Lebens, und viele Menschen waren tief religiös.

Die Tibeter sind ein robustes Volk, weil das Klima rauh und unfreundlich sein kann. In Alttibet gab es nur die primitivsten sanitären Einrichtungen, und die meisten Menschen hatten keinen Zugang zur Bildung außerhalb der Klöster. Die tibetische Medizin war zwar recht hoch entwickelt und effektiv, stand aber dem einfachen Volk ebenfalls kaum zur Verfügung. Obwohl die meisten Menschen sich zu den buddhistischen Prinzipien des Friedens und der Gewaltfreiheit bekannten, gibt es in der frühen Geschichte Tibets einige überraschende Beispiele von Blutdurst, Staatsstreichen und mörderischen Intrigen.

Die meisten Menschen in diesem bergigen Königreich waren um die Jahrhundertwende jedoch mit ihrem Los zufrieden und leben ohne große Veränderungen, wie ihre Ahnen immer gelebt hatten: im großen und ganzen im Frieden mit sich selbst und ihrer Umwelt. In diese Welt, die für immer vergangen ist, wurde der 14. Dalai Lama hineingeboren.

Heute lebt der Dalai Lama mit dem größten Teil der Exiltibeter in Dharamsala, Nordindien, am Fuße des Himalaya. Der Klang tibetischer Hörner, die buddhisti-

Ganz rechts: Eine tibetische Aristokratin aus Shigatse in der örtlichen Tracht, Ende des 19. Jahrhunderts.

Rechts: Ein alter Tibeter liest Gebete, die traditionell mit Holzdruck hergestellt werden.

Tibetische Nomadenkinder in Mänteln aus Schafsfell, **Chubas** *genannt.*

Unten links: Eine Nomadenmutter mit Kind in Amdo (jetzt eine chinesische Provinz). Sie hält ein Bild des Dalai Lama in der Hand, das ihr ein Reisender gegeben hat. Die chinesischen Behörden verbieten oft den Besitz solcher Bilder.

sche Zeremonien ankündigen, schwebt durch die Bergluft, und Gebetsfahnen flattern im Wind. An den Hauptstraßen verkaufen kleine Läden traditionelle tibetische Kleider, religiöse Objekte, Schmuck, Bücher, Plakate und Fahnen, die Freiheit für Tibet fordern. Für den westlichen Touristen mag alles ein wenig schäbig aussehen, wie in den benachbarten indischen Dörfern; aber man hat den Eindruck geschäftigen Wohlstandes. Hinter der Hauptstraße ändert sich freilich das Bild. Dort findet man kleine Slums aus armseligen Hütten mit Blechdächern, in denen viele Menschen enden, die über die Berge aus Tibet in die Freiheit fliehen, ohne ihre vielen Besitztümer mitnehmen zu können.

Die Residenz des Dalai Lama steht in einer hübschen Siedlung in der Nähe des Haupttempels. Sie ist bescheiden für einen Mann, der eine Regierung führt – wenn auch im Exil – und eine international bekannte Persönlichkeit ist. Er ist oft unterwegs, um den vielen Bitten um buddhistische Unterweisung und Teilnahme an Konferenzen nachzukommen, und er verkündet unermüdlich auf der ganzen Welt seine Botschaft vom Frieden, von der Liebe und vom Mitgefühl. Wenn er zu Hause ist, reißt der Strom der Besucher nie ab, und alle begrüßt er mit der gleichen humorvollen Wärme – den ausländischen Würdenträger ebenso wie die vielen gewöhnlichen Leute, die kurz mit ihm ein Gespräch führen möchten.

Während seiner Reisen spricht er immer häufiger von der Tragödie seines Volkes, das entweder im Exil oder in Tibet unter der Knute der Chinesen lebt. Während eines Aufenthaltes in England im Jahr 1996 äußerte er voller Trauer die Befürchtung, daß eine einzigartige Kultur für immer vernichtet werden könnte. Doch kein wichtiges Land erkennt die tibetische Exilregierung an.

Die Verleihung des Friedensnobelpreises im Jahre 1989 bewirkte, daß die Bemühungen des Dalai Lama, die

chinesische Besetzung friedlich zu beenden, international beachtet wurden. Er versucht immer wieder, mit der chinesischen Regierung zu verhandeln, obwohl diese ihn nicht ermutigt, und er bleibt gesprächsbereit. Manchmal macht er einen traurigen, fast verzweifelten Eindruck; doch wenn er die Lehre des Buddha auslegt, ist er glücklich, ihre Weisheit mit anderen teilen zu dürfen, und seine öffentlichen Reden sind oft sehr humorvoll und inspirierend.

Der Dalai Lama spielt viele Rollen: Er ist das spirituelle und politische Oberhaupt der Tibeter, ein buddhistischer Lehrer, ein Apostel des Friedens und der Zusammenarbeit zwischen den Religionen, ein Botschafter seines Volkes und seines unterdrückten Landes. Dennoch bezeichnet er sich als einfachen buddhistischen Mönch, und als solcher ist er am glücklichsten. Diese Einfachheit erlaubt es ihm, all diese Rollen miteinander in Einklang zu bringen und sich zwischen ihnen so zwanglos hin und her zu bewegen, daß alle ihn bewundern.

Als Mitglied eines Filmteams, das den Dalai Lama mehrmals besucht hat, war es mir vergönnt, in seiner Nähe zu sein. Seine Offenheit und seine Freude am Umgang mit Menschen, aber auch die oft tiefe Bewegung derer, die ihm begegneten, verfehlten nie ihren Eindruck auf mich. Sein tibetischer Spitzname ist "Kundun" (Ausstrahlung), und in der Tat sind selbst hartgesottene Journalisten, die "alles gesehen haben", von ihrer Reaktion auf diesen Mann überrascht. *Die Welt des Dalai Lama* ist ein Tribut an Seine Heiligkeit, den Dalai Lama. Mit diesem Buch möchte ich allen Lesern die Welt des Dalai Lama öffnen.

Oben rechts: ***Eine Stupa beim Kloster Drigung, 100 km nordöstlich von Lhasa. Sie enthält die Überreste des Gründers Jigten Gonpo.***

Unten Mitte: ***Ein Khampamädchen trägt ins Haar geflochtene rote Seide, Türkise und Korallen.***

Unten rechts: ***Ein tibetisches Mädchen sitzt vor einer Gebetsfahne auf einem Gebirgspaß.***

Alttibet

Karte von Alttibet mit Gebirgsketten, angrenzenden Ländern, großen Klöstern und Städten.

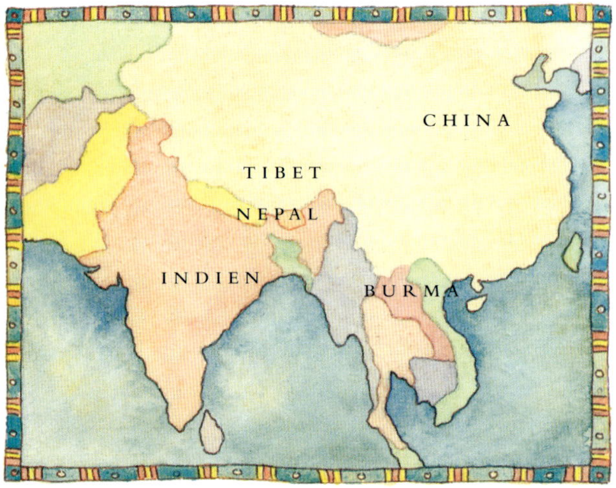

SCHLÜSSEL

❖ *große Klöster*
● *Städte*
▲ *Gebirge*
1914 Grenze

ALTYN TAGH
(ALTUN GEBIRGE)
RGE
BET
AMDO
KOKONOR GEBIRGE
Xining
Kumbum
Lanzhou
Gelber Fluß
Atsokh
Garang
Sertakh
Labrang
Drashi
Tsanmon Kotse
Ridoma
Hetso
Dokar
Radja
Tsaha Wesheng
Choni
Choni
Dzangar
Dzangar
AMNYE MACHIN GEBIRGE
BAYANKARA GEBIRGE
CHINA
Lady Wencheng
Derge
Yalung
Dawu
Chamdo
Chamdo
KHAM
Lithang
Lithang
Batang
Konka
Gartok
Nabo
Lhakang Ting
Dendjra
Mekong
Salween
Yangtze
Muli
Muli
Kopati
Kulu
Kulu
Rendjom
Yungning
Yungning
Yangtze
Ratreng
Drigung
Taldung
Tsurpu
Sera
Yerpa
LHASA (POTALA PALAST)
Drepung
Ganden
Netang
Samye
Narthang
Tashi Lhunpo
Shigatse
Dranang
Mindröling
Schaki
Ngor
Sakya
Gyantse
YARLUNG TAL
TSANG
Iwang
Samada
Kyangphu
SIKKIM
BHUTAN
ARUNACHAL PRADESCH
ASSAM
Darjeeling
BURMA
INDIEN
BANGLADESCH

I. Teil

~

TIBET

1
Tibet vor der chinesischen Invasion

Das alte Tibet war nicht vollkommen. Dennoch war unsere Lebensweise ziemlich außergewöhnlich. Es gab gewiß vieles, was erhaltenswert war, nun aber für immer verloren ist.

DER 14. DALAI LAMA

Vorige Seiten, von rechts: ***Menschenmenge, die das Shoton-Fest am Drepung-Kloster genießt; zwei Nomaden-Frauen; ein Nomaden-Mädchen, das einen Kopfschmuck aus Korallen und Türkissteinen trägt.***

Rechts: ***Ein Khampa-Mann mit einem Yak in Hebu bei Samye.***

Tibet ist das höchste Land der Erde. Seine durchschnittliche Höhe beträgt 4572 Meter, und es besteht aus drei Hauptprovinzen: Kham, Amdo und U-Tsang mit der Hauptstadt Lhasa. Die tibetische Hochebene ist von Bergen umgeben. Der berühmte Himalaya im Süden und andere Bergketten bilden eine fast ununterbrochene, natürliche Grenze, außer im Nordosten. Das erklärt, warum die tibetische Kultur so lange fast unverändert überleben konnte.

DIE TIBETISCHE LEBENSWEISE

Tibet ist ein sehr rauhes Land von atemberaubender Schönheit. Es besitzt faszinierende Bergen, weite, dürre Ebenen im Zentrum, die sich zu fruchtbaren Ebenen und Tälern senken, und riesige Wälder. Diese zwiespältige Natur spiegelt sich im Charakter der Tibeter wider: Sie sind grimmig und sanft zugleich. Ihre Wildheit, die ihnen das Überleben in einem schroffen Klima ermöglicht, wird von der buddhistischen Ehrfurcht vor allen lebenden Wesen gezügelt, die als Mitgefühl und Weisheit zum Ausdruck kommt. Das Land ist etwa so groß wie Westeuropa, aber mit nur sieben Millionen Einwohnern spärlich bevölkert. Unter dem alten Feudalsystem floß das Leben natürlich und fast ohne Einflüsse von außen dahin.

Nachdem im 18. Jahrhundert der Buddhismus eingeführt wurde, entstanden allmählich riesige Klöster, die schließlich ein Viertel der männlichen Bevölkerung beherbergten. Eine kleinere Zahl von Nonnenklöstern gab es ebenfalls. Wie ihre Gegenstücke im Westen waren die Klöster Zentren der Gelehrsamkeit, der Kultur und der Religion.

Tibetische Mönche studierten Medizin und Astrologie, Kunst und Bildhauerei, Literatur und Dichtung, und die Grundlage aller Studien war der Buddhismus, das Herzstück der mönchischen Erziehung. Er lehrt, daß alle Dinge vergänglich sind und daß die Existenz somit ihrem Wesen nach leidvoll ist.

In Tibet, dem höchsten Land auf Erden,
sind selbst die Täler höher als jeder Berg
in Europa, Kanada oder den Vereinigten Staaten.

Sir Charles Bell

Ergänzt wurde dieses Wissen durch die bunten und komplizierten Riten, Gebete und Zeremonien des tibetischen Buddhismus. Dazu gehören auch Sprechgesänge mit Mantras (heiligen Lauten), das Rezitieren von Texten und Gebeten, Mudras (symbolische Gesten mit den Händen) sowie Tänze der Lamas, metaphysische Kämpfe gegen Dämonen mit rituellen Bewegungen. Es gab auch große Yogis, die viele Jahre lang als Asketen in einsamen Höhlen lebten und meditierten. Wenn sie zu tiefgründigen Einsichten über die Existenz gelangt waren, scharten

Oben: Das Kloster Samye, gegründet von Trisong Detsen im 18. Jahrhundert als erstes Kloster in Tibet.

manche von ihnen Schüler um sich, die von ihnen lernen wollten.

Das Oberhaupt eines Klosters wurde Lama, "spiritueller Lehrer", genannt, und es gab mehrere Lamas in der klösterlichen Hierarchie. Da man sich auch um weltliche Dinge kümmern mußte, widmeten sich die Mönche, die für spirituelle Übungen oder Kunst weniger begabt waren, dem Garten oder der Küche, nahmen aber auch am religiösen Leben teil. Die Klöster sorgten selbst für alle körperlichen und geistigen Bedürfnisse der Mönche und wurden von den Laien durch ein Steuersystem unterstützt, das bisweilen ausbeuterisch war und die gesellschaftliche und wirtschaftliche Entwicklung hemmte. Die meisten Laien trugen diese Last jedoch bereitwillig, und die Mönche belohnten sie dafür mit religiösem und spirituellem Beistand, Zeremonien und Gebeten bei Todesfällen und anderen wichtigen Ereignissen.

Neben der religiösen Hierarchie gab es auch eine Aristokratie. Im Laufe der Jahrhunderte war aus mehreren Dynastien eine adelige Elite hervorgegangen, deren Mitglieder ihre Ahnenreihe bis zu den Yarlung-Königen der ersten dokumentierten Dynastie zurückführen konnten. Sie trugen prächtige Gewänder aus besticktem Brokat, die den üppigen Umhängen der hohen Lamas ähnelten. Köstlicher, oft schwerer Schmuck hob die Rolle der Adligen in der Gesellschaft hervor. Das alles war jedoch kein sinnloser Pomp, da die Aristokratie zusammen mit den hohen Geistlichen das Land regierte und sein Geschick bestimmte.

> *Was für ein prachtvoller Anblick ist doch eine Prozession hoher tibetischer Würdenträger in goldenem und blauem Brokat aus China, die auf ihren wackeligen Pferden und Maultieren über den Kamm eines Passes hinabreiten, dem Zuschauer entgegen, während die tibetische Sonne am wolkenlosen Himmel strahlt.*
>
> SIR CHARLES BELL

Der Adel regierte von großen Landgütern aus. Jede Regierungstätigkeit wurde von einem Mönch und einem Aristokraten gemeinsam ausgeübt, damit keine Seite zuviel Macht erwarb und Korruption erschwert wurde. Seit der Einsetzung der Dalai Lamas als Regierungsoberhäupter war dieses System bis zum Jahr 1959 erfolgreich. Der enge Kontakt mit den Lamas verhinderte zudem, daß der Adel dekadent wurde; denn alle adligen Familien besaßen einen eigenen Schrein und unterhielten ein Gefolge von Mönchen, die jeden Tag beteten und zelebrierten.

Der Adel genoß eine Reihe von Privilegien, und seine reichen Besitztümer, viele davon einzigartig in Tibet, waren die Folge eines erfolgreichen Handels. Feste und Picknicks, die oft tagelang dauerten, waren im Sommer nicht ungewöhnlich. Sie wurden in schönen, gepflegten Gärten abgehalten, in denen viele Arten von Blumen und Pflanzen wuchsen und die von Pfauen und anderen Tieren bevölkert waren. Man kredenzte Chang, tibetisches Bier aus vergorener Gerste. Doch der mäßigende Einfluß des Dharma (der Lehre des Buddha) verhinderte Exzesse des Adels.

Der Rest der Bevölkerung bestand überwiegend aus nomadischen Bauern und Händlern, die in kleinen Siedlungen oder in den wenigen größeren Städten lebten. Regionale Besonderheiten wie Trachten und Dialekte waren im wesentlichen auf die Weite des Landes zurückzuführen – Teile Tibets waren fast menschenleer, und es gab nur wenige Kontakte mit den fernen Nachbarn. Auf den höchsten Ebenen zogen Nomaden, die in Zelten lebten, mit riesigen Yak- und Schafherden von einer Weide zur anderen. Sie liebten die Freiheit und blieben gerne für sich; nur ein paarmal im Jahr machten sie kurze Besuche in der Stadt, um Fleisch, Käse und Häute gegen Getreide, Tee, Gewehre und andere schwer erhältliche Güter zu tauschen.

In den tieferen, fruchtbaren Tälern lebten die Bauern meist in kleinen Siedlungen und bauten Gerste, die wichtigste Feldfrucht Tibets, an. Sie rösteten die Gerste, mahlten sie zu Tsampa (Mehl) und mischten sie in großen Schüsseln mit tibetischem Tee, Butter und Salz – dies war das Nationalgericht. Die Bauern waren Leibeigene der benachbarten Klöster und des Adels; sie zahlten Steuern in Form von Arbeit, Produkten und Geld und akzeptierten dieses Leben, aus dem es kaum ein Entkommen gab.

Oben: ***Blick auf das Dorf Shol am Fuße des Potala im Jahr 1954. Heute ist das Dorf fast ganz abgerissen.***

In den Tee mischt man Butter und eine Art Soda, die man als weißes Pulver am Ufer der Seen findet, vor allem in den Hochebenen des Nordens und Westens. Davon trinken die Leute zwanzig bis fünfzig Tassen von normaler Größe am Tag. Europäer mögen ihn nicht, aber er ist nicht ungesund.

SIR CHARLES BELL

Einen Ausweg bot nur der Handel, sowohl in geographischer als auch in wirtschaftlicher Hinsicht. Die Karawanen der Kaufleute brachen jeden Herbst nach der Ernte auf und reisten ins Landesinnere oder gar nach

Indien, China und in die Mongolei. Sie handelten mit überschüssigen Nahrungsmitteln, Salz, Gold, Heilkräutern, Wolle und Fellen und tauschten dafür Tee, Silber, Seide, Werkzeug, Tabak und andere fremde Luxusgüter ein. Wenn diese Karawanen nicht groß und gut bewacht waren, wurden sie von Banditen überfallen, und die Reise an sich war ebenfalls gefährlich. Doch den erfolgreichen Händlern ging es gut, und manche kehrten nicht zurück.

Oben: Ranee Taring, in den dreißiger Jahren ein berühmter Aristokrat.

Nicht nur materielle Güter wurden getauscht. Die wichtigen Handelswege förderten auch die kulturelle und religiöse Kommunikation. Heilige Texte wurden mitgebracht, und Lehrer aus Indien besuchten Tibet, während einige tibetische Übersetzer Jahre in den großen indischen Klöstern verbrachten, um zu studieren und die übertragenen Texte mit nach Hause zu nehmen. Dieser Ideenaustausch trug dazu bei, daß der tibetische Buddhismus sich eigenständig entwickelte – trotz des unaufhaltsam fortschreitenden Niedergangs der Lehre in Indien.

LHASA

Menschen aller Stände zog es irgendwann im Leben nach Lhasa. In der Hauptstadt fanden sie Waren, die anderswo kaum erhältlich waren, und sie konnten Opern und andere Vergnügungen genießen. Zudem beherbergte Lhasa einige der berühmtesten Tempel und den Palast des Dalai Lama. Viele Menschen aus den fernen Gegenden Tibets reisten wochenlang, manchmal monatelang, um als Pilger die heilige Stadt zu besuchen – es war ein großes Ereignis in ihrem Leben.

Die Stadt am Otangsee in der Provinz U-Tsang hieß ursprünglich Rasa. Dieses Wort spiegelt das Geräusch des Windes wider, der das Wasser aufwühlt. Songtsen Gampo, der im 7. Jahrhundert zwanzig Jahre regierte, nannte die Stadt zum erstenmal Lhasa, "Gefilde der Götter", und machte sie nach Yarlung zur Hauptstadt. In Lhasa baute er auch Tibets heiligsten Tempel, den Jokhang, den der 5. Dalai Lama verschönerte und der viele alte, heilige Statuen enthielt.

Pilger umwandelten den Jokhang auf den Barkor, einer Reihe von Straßen, die den Tempel umkreisten. Oft warfen sie sich zu Boden, bewegten sich eine Körperlänge weiter und wiederholten dann die Prozedur. So erwarben sie große spirituelle Verdienste. Andere murmelten unterwegs Mantras, ließen Malas (Gebetsperlen) durch die Finger gleiten oder bewegten Gebetsmühlen, metallene Räder mit Holzgriff, gefüllt mit Gebeten, die mit Holz auf Papier gedruckt wurden. An den Straßen standen Marktbuden, die Waren aller Art anboten, und Händler mischten sich zwanglos unter die Frommen.

*Links: **Frauen bei der Ernte in Nyemu bei Shigatse in Westtibet.***

Oben: ***Dilgo Khyentse Rimpoche, einer der berühmtesten Nyingmapa-Lamas.***

Auf einem Berg westlich der Hauptstadt liegt der Potala. Dieser eindrucksvolle und schöne Palast, den der 5. Dalai Lama baute, war die Residenz aller folgenden Dalai Lamas. Neben den Privatgemächern des Dalai Lama enthält der Potala mehrere Kapellen, Schreine und Säle für religiöse und administrative Zwecke.

Etwa zur Zeit des 8. Dalai Lama wurde dieser Palast zum Winterquartier; der Norbulingka ("Juwelenpark") blieb die Sommerresidenz. Viele tibetische Klöster wurden in der Nähe errichtet, darunter die "Großen Drei",

nämlich Ganden, Drepung und Sera, um nur die berühmtesten zu nennen.

Lhasa war eine blühende, uralte Stadt, Regierungssitz, Wallfahrtsort und die Nabe der tibetischen Gesellschaft. Mönche, Kaufleute, Adlige, Pilger, Bettler, Kinder und Tiere wimmelten durch die Straßen. Zu Beginn des Frühlings versammelten sich bei religiösen Festen wie Monlam ("Gebetsfest") riesige Menschenmengen. Das waren fröhliche Tage mit vielen weltlichen und religiösen Feiern. Gewaltige, bunte Prozessionen zogen durch die Stadt und führten heilige Statuen mit sich, und der Duft des Weihrauchs und der Butterlampen erfüllte die Luft.

Der letzte Tag des Monlamfestes war Aktivitäten im Freien vorbehalten. Eine große Statue des Maitreya, des künftigen Buddha, wurde an der Spitze einer Prozession um die Grenzen der Stadt getragen …
Bald danach herrschte allgemeines Chaos, weil die Menschen sich nun bei sportlichen Wettkämpfen vergnügten – dazu gehörten Pferderennen ebenso wie Laufwettbewerbe für jedermann.

DER 14. DALAI LAMA

Diese alte, feudalistische Kultur hatte jedoch auch ihre Schattenseiten. Außerhalb der Klöster gab es wenig Bildungsmöglichkeiten, die sanitären und hygienischen Verhältnisse waren schlecht und die Menschen hatten wenig Chancen, ihre Situation zu ändern. Politische Intrigen und Machtkämpfe waren an der Tagesordnung, vor allem in den Perioden zwischen zwei Dalai Lamas, wenn ein Regent die Macht übernahm, bis die neue Inkarnation volljährig war.

Lhasa hatte ein Gefängnis, und die Strafen für Verbrechen waren mitunter grausam. Banditen und wilde Tiere griffen Reisende an, und das rauhe Klima und die schwierige Ökostruktur machten die Landwirtschaft zu einem Risiko.

Dennoch ging es den Menschen innerhalb der Grenzen des Systems gut. Es gab keine großen Hungersnöte, und die meisten Leute waren mit ihrem Schicksal glücklich.

Da fast jede Familie mindestens ein Kind ins Kloster schickte, war die Religion ein fester Bestandteil des Lebens und ernährte etwa ein Viertel der Bevölkerung. Der Geist des Buddhismus, der Mitgefühl, Ehrfurcht vor dem Leben und Toleranz forderte, durchdrang alles, und das "letzte Shangri-la" war zwar kein Paradies, aber ein zufriedenes Land.

Großes Bild: ***Eine Yak-Karawane nähert sich dem Mount Everest.***

Links: ***Kulis tragen Teebündel, die etwa 136 Kilogramm wiegen, von China nach Tibet, 1908.***

DAS ALTE TIBET

Tibet wird begrenzt von zwei großen Ländern, Indien und China, und mehreren kleinen, darunter die Mongolei, deren Bewohner mit den Tibetern verwandt sind. Ursprünglich war Tibet von kleinen Stämmen bewohnt, die ständig um die Vorherrschaft kämpften. Um 500 v. Chr. schuf Nyatri Tsenpo das erste große Reich. Die Sage erzählt, er sei vom Himmel gefallen; doch selbst wenn er auf die übliche Weise in die Welt gelangt sein sollte, gebührt ihm der Ruhm, die Yarlung-Dynastie gegründet zu haben.

Bis zur Regierungszeit von Lhatotori, dem 28. Yarlung-König, im 4. Jahrhundert waren alle Könige Anhänger der animistischen Bon-Religion. Dann, so berichtet eine andere Sage, fielen buddhistische Schriften vom Himmel und landeten im Hofe des Königs, wo man sie gebührend empfing. Dies war der Beginn eines langen Kampfes zwischen Bon und Buddhismus. Im 7. Jahrhundert stärkte Songtsen Gampo den Buddhismus, indem er sowohl eine Chinesin als auch eine Nepalesin heiratete. Die beiden Frauen brachten aus ihrer buddhistischen Heimat kostbare Statuen mit und regten damit das Interesse am Buddhismus an.

*Unten: **Beamte der tibetischen Regierung vor der chinesischen Invasion.***

Im 8. Jahrhundert festigte Trisong Detsen den Buddhismus in Tibet. Er lud Padmasambhawa ein, einen großen tantrischen Yogi aus Indien, um die Dämonen zu vertreiben, die dem Buddhismus feindlich gesonnen waren. Es gab einen gewaltigen Streit zwischen dem Yogi und den höchsten Bonpriestern, und sie trugen einen magischen Wettstreit aus, den Padmasambhawa überlegen gewann. Die Folge war, daß buddhistische Schriften in der ganzen Bevölkerung verbreitet wurden. Im 9. Jahrhundert jedoch unterdrückte König Langdarma, ein überzeugter Anhänger des Bon, den Buddhismus gewaltsam. Als ein erboster buddhistischer Mönch ihn ermordete, erlosch die große Yarlung-Dynastie.

> *Von Indien empfing Tibet den Buddhismus, den es so abwandelte, daß er seinem eigenen Empfinden entsprach. So entwickelte sich eine starke Staatsreligion, das kostbarste seiner Besitztümer.*
>
> SIR CHARLES BELL

Nun entstanden mehrere kleine Fürstentümer. Einige – im Westen des Landes – folgten dem Buddhismus, andere – in Zentraltibet – kehrten zum Bon zurück. Im 11. Jahrhundert blühte der Buddhismus nach der Ankunft des großen indischen Gurus Atisha und des indischen Lehrers Naropa erneut auf. Auch Marpa kam und belehrte Tibets berühmtesten "Heiligen" Milarepa. Diese Periode, die "zweite Aussaat der Lehre in Tibet", war eine buddhistische Renaissance der Gelehrsamkeit, des Übersetzens und der religiösen Kunst. Zu Beginn des 13. Jahrhunderts eroberte jedoch der berüchtigte und grausame Dschingis Khan Mittelasien. Als seine Abgesandten aus dem unterworfenen China in Tibet eintrafen, ergaben sich die Tibeter in der Hoffnung, künftig unbehelligt zu bleiben.

Doch Tibet war nicht in der Lage, den versprochenen Tribut zu zahlen, und einige Jahre später drang der Enkel Dschingis Khans in das Land ein. Nach einer Machtdemonstration – er plünderte ein großes Kloster und brachte viele Mönche um – knüpfte Godan Khan ironischerweise Bande zu einer der traditionellen tibetischen Hierarchien, deren politische und religiöse Macht ihm wohlbekannt war. Der Handel wurde mit Sakya Pandita, dem Oberhaupt der Sakyapas, abgeschlossen. Die Führer der anderen Traditionen waren empört, zumal der Khan diesen Sakya Pandita zum Regenten Tibets ernannte. Auf diese Weise wurden die Führer der Mongolen mit dem Buddhismus vertraut, und die Sakyapas festigten ihre Macht im Land, das allerdings ein Jahrhundert lang unter mongolischer Oberherrschaft blieb.

Die Idee eines "Priesterregenten" war angenehm zweideutig, und sie wirkte in den traditionellen asiatischen Beziehungen zum Vorteil beider Parteien, ohne daß eine von ihnen sich als unterlegen fühlen mußte. Für die politisch gesinnten Mongolen und Manchus nahm der Regent gegenüber dem Priester von Natur aus eine höhere Position ein; doch für die religiösen Tibeter besaß der Priester die reale und höhere Macht…

STEPHEN BATCHELOR

Als die Macht der Mongolen schwand, setzte der nationalistische Führer Jangchub Gyeltsen den Sakya-Regenten ab und wurde 1354 Herrscher von Tibet. Einige Jahre später übernahm die einheimische Ming-Dynastie die Macht in China, und die Tibeter beschlossen, das Priesterregententum zu vergessen. In den nächsten dreihundert Jahren war Tibet unabhängig. Während dieser Zeit regierten die Kagyus, und die anderen Traditionen drängten immer wieder an die Macht.

Oben: ***Die Ruinen von Tholing im alten Königreich Guge in Westtibet.***

In der Mongolei beobachtete Altan Khan, ein friedlicherer Abkömmling des Dschingis Khan, Tibet nach wie vor aufmerksam. Die neue, reformierte Gelugpa-Schule, die Tsongkhapa in der zweiten Hälfte des 14. Jahrhunderts gegründet hatte, faszinierte ihn. Der Khan arrangierte ein Treffen mit Sonam Gyatso (geboren 1543), dem damaligen Führer der Gelugpas, und war von diesem frommen Mann so beeindruckt, daß er ihm und rückwirkend seinen beiden Vorgängern den Titel Dalai Lama verlieh, der bis zum heutigen Tag besteht.

Die anderen Traditionen und mächtige Fürsten bedrohten jedoch dieses Bündnis zwischen den Gelugpas und den Mongolen, und der 4. Dalai Lama wurde 1616 bei einer Rebellion getötet. Die Mongolen, die immer noch die Gelugpas unterstützten, drangen in Tibet ein,

Rechts: Der Potala-Palast in Lhasa, erbaut vom 5. Dalai Lama, war der Sitz aller Dalai Lamas seit dem 17. Jahrhundert.

warfen den Aufstand nieder und setzten den 5. Dalai Lama ein, der – zum erstenmal in Tibet – von da an die weltliche wie die geistliche Gewalt ausübte. Der "Große Fünfte" regierte weise und vermittelte dem Land ein Nationalgefühl.

Der 6. Dalai Lama war ein schwacher Herrscher, der am liebsten Gedichte schrieb und sich in Liebesaffären verstrickte. Das führte erneut zu politischer Unsicherheit, und der mächtige chinesische Kaiser K'ang Hsi ermutigte den mongolischen Prinzen Lhabsang Khan, nach Tibet zu ziehen und den eigentlichen Herrscher, den Regenten des 6. Dalai Lama, abzusetzen. Das geschah, und der Khan bot Tibet dem Kaiser als Tribut an. Eine andere Gruppe von Mongolen, die Dsungaren, die mit dem ermordeten Regenten verbündet gewesen waren, töteten daraufhin Lhabsang.

Der Kaiser warf diesen Aufstand rasch nieder und setzte 1720 den jungen 7. Dalai Lama ein. 1721 erklärte er Tibet zum Protektorat Chinas; doch ein chinesisches Einschreiten war nur noch einmal notwendig, nämlich 1792 zur Abwehr einer Invasion der Nepalesen. Von da an waren die Beziehungen zwischen China und Tibet formaler Natur, und mehrere Dalai Lamas und Regenten herrschten mehr oder weniger friedlich etwa ein Jahrhundert lang. Die einzige größere Veränderung gab es im 19. Jahrhundert, als die Grenzen zum Ausland geschlossen wurden. Damals war Tibet ein religiöses, isoliertes Land.

DIE NEUERE GESCHICHTE

Es kann sein, daß hier im Zentrum von Tibet die Religion und die weltliche Regierung sowohl von außen wie auch von innen angegriffen werden... Dann stürzen alle Wesen in großes Elend und überwältigende Furcht. Tage und Nächte werden sich langsam und leidvoll hinziehen.

DER 13. DALAI LAMA

Tubten Gyatso, der 13. Dalai Lama und Vorgänger des heutigen 14. Dalai Lama, war das Oberhaupt Tibets, als die Welt ins 20. Jahrhundert eintrat. Er war ein starker Herrscher, der genau wußte, in welch prekärer Lage sein Land sich befand, zumal er zweimal gezwungen war, ins Exil zu gehen. Im Jahre 1904 floh er vor britischen Truppen in die Mongolei. Die Soldaten unter dem Befehl von Oberst Younghusband kamen aus Indien, das damals eine britische Kolonie war. Da die Briten ein Eingreifen der Russen befürchteten, schlossen sie auch die Handelsverträge, und vor allem leugneten sie demonstrativ die Beziehungen zwischen Tibet und China.

Dies war einer der Gründe für die Invasion der Manchus im Jahr 1910, die Tibet zu einer chinesischen Provinz machen wollten. Der 13. Dalai Lama mußte erneut fliehen, diesmal ironischerweise ins britische Indien. Die Manchus herrschten nur kurz; denn die Tibeter warfen sie schon ein Jahr später hinaus, während eine Revolution ihr Land erschütterte. Der 13. Dalai Lama kehrte aus dem Exil zurück und proklamierte die Unabhängigkeit Tibets.

China erhob jedoch Ansprüche nicht nur auf Tibet, sondern auch auf die Mongolei, die Mandschurei und Xinjiang. Obwohl die Chinesen damals außerstande waren, diese Gebiete zu erobern, stellten sie für Tibet eine echte Bedrohung dar. Dies veranlaßte die Briten, mit Tibet und China 1914 die Konferenz von Simla abzuhalten, um die Beziehungen zwischen den drei Staaten zu regeln. Da die Lage jedoch etwas unklar und kompliziert war, zogen die Verhandlungen sich sechs Monate lang hin.

Schließlich wurden Dokumente vorbereitet, die festlegten, daß Tibet zwar autonom, jedoch unter chinesischer Oberhohheit stehen sollte. Das hätte für die Tibeter völlige Freiheit innerhalb ihrer Grenzen bedeutet, und China wäre nur für die Außenpolitik zuständig gewesen. Tibeter und Briten wollten unterzeichnen; doch die Chinesen weigerten sich und drangen 1950 in Tibet ein, um es "wieder mit dem Mutterland zu vereinigen". Seitdem ist Tibet ein besetztes Land.

BON

Bon war die animistische Religion Tibets vor dem Buddhismus. Sie existiert heute noch, obwohl sie zum größten Teil in der neuen Religion aufgegangen ist.

Bon war mehr als eine Naturreligion; es war streng organisiert, und ... der Buddhismus setzte sich nur durch, weil er Kompromisse mit Bon einging und viele seiner Gedanken übernahm.

SIR CHARLES BELL

Bon verehrte gute Geister, versuchte Dämonen zu beschwichtigen und opferte zu diesem Zweck auch Tiere.

Die Tibeter teilen es in das weiße und das schwarze Bon ein. Das weiße Bon ist heute fast buddhistisch geworden ... aber das schwarze ist nicht-buddhistisch, es ist häretisch. Seine Anhänger töten Tiere, um sie zu opfern.

SIR CHARLES BELL

2

Die chinesische Invasion und die Zeit danach

Am 9. September [1950] marschierten 3000 Soldaten der 18. Armee unter Trommelwirbel in Lhasa ein. Sie trugen Bilder von Mao und Tschou En-lai zwischen den roten Fahnen Chinas, auf denen Tibet nun einer der vier kleinen Kreise um den großen Stern in der Mitte war.

JOHN AVEDON

Großes Bild: ***Menschenmassen vor einem riesigen Plakat mit dem Bild des Vorsitzenden Mao.***

Nach einigen Jahren der inneren Unruhe war China nach der Gründung der Volksrepublik im Jahre 1949 endlich vereint. Der Führer der neuen kommunistischen Regierung war Mao Tsetung. Schon nach vier Monaten verkündeten die Chinesen in Radio Peking ihre Absicht, das benachbarte Tibet und Taiwan zu "befreien".

Rechts: ***Die kleine, schlecht ausgerüstete tibetische Armee bereitet sich auf die chinesische Invasion vor.***

Tibet wurde damals von einem Regenten verwaltet, da der 14. Dalai Lama noch nicht alt genug war, um die Zügel selbst in die Hand zu nehmen. Der erste Regent, Reting Rimpoche, war aus seinem hohen Amt entfernt worden, nachdem seine Liebesaffären und die allgemeine Korruption einen Skandal ausgelöst hatten. Unter dem neuen Amtsinhaber, Taktra Rimpoche, blühte die Korruption weiter, wenn auch weniger ernst, und die Folge war ein Staatsstreich der Anhänger von Reting Rimpoche. Er schlug nach tagelangem Kämpfen und Blutvergießen fehl. Diese Ereignisse fielen mit dem Aufstieg Chinas zusammen.

Tibet war daher schlecht auf die Invasion vorbereitet. Es war im Grunde ein friedliebendes Land mit einer kleinen, schlecht ausgerüsteten Armee – kein ebenbürtiger Gegner für die Volksbefreiungsarmee (VBA), die gut

Im allgemeinen sind die Tibeter sehr religiös, und viele praktizieren auch ihre Religion. Dennoch wäre es irrig zu glauben, das Land könne allein durch Gebete, ohne menschliches Bemühen gerettet werden.

DER 14. DALAI LAMA

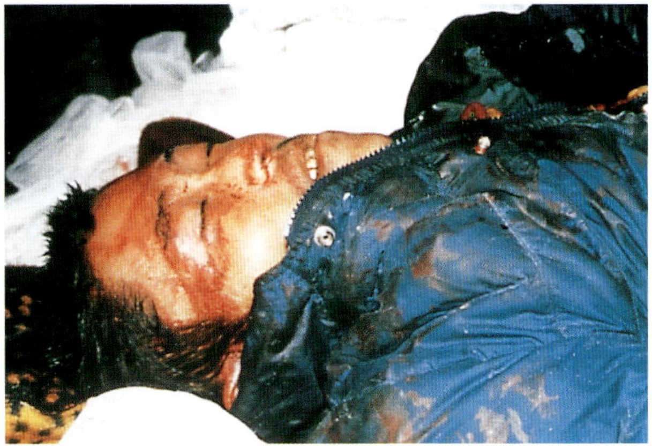

Rechts: Chinesische Polizisten haben diesen Mann während einer friedlichen Demonstration für die Unabhängigkeit Tibets tödlich verletzt.

ausgebildet, von ihren Siegen angespornt und begeistert von der Idee war, Tibet dem "Mutterland" einzuverleiben. Nun rächte sich auch die tibetische Politik der "friedlichen Isolierung": Die UNO wies die Bitte des Landes um Hilfe ab.

Rechts: Jigme Taring, ein tibetischer Aristokrat aus Lhasa, als Soldat.

Die VBA fiel zunächst nur in Osttibet ein und besetzte die Stadt Dengkok. Die Invasoren wurden innerhalb weniger Wochen von Khampas aufgerieben, den traditionellen Kriegern Tibets, die berühmt für ihre Unabhängigkeit und ihre Bereitschaft waren, Missetaten zu rächen. Dieser kleine Sieg sollte jedoch der einzige bleiben; denn eine viel größere Division der VBA eroberte Dengkok und das gesamte Chamdo in einem Feldzug zurück, der am 7. Oktober 1950 begann. Der Gouverneur dieses Gebietes, Ngabo, beschloß zu fliehen und ergab sich elf Tage später, obwohl er in der besseren militärischen Position war.

> *Als Ngabo erfuhr, daß die Chinesen im Osten nur einen Tagesmarsch entfernt waren und Riwoche umzingelt hatten, verlor er die Nerven. Er funkte nach Lhasa und bat darum, sich ergeben zu dürfen. Als das abgelehnt wurde, packte er seine Koffer, nahm den langen Anhänger aus Gold und Türkis vom linken Ohr, ersetzte seine Kleider aus gelber Seide durch die einfache graue Sersche eines kleinen Beamten und floh mitten in der Nacht.*
>
> JOHN AVEDON

Die Chinesen verkündeten ihren Einmarsch in Tibet am 25. Oktober in Radio Peking und behaupteten, ihre Truppen würden "die Tibeter von der imperialistischen Unterdrückung befreien". Indien protestierte sofort, aber die Chinesen wiesen die Einmischung in ihre "inneren Angelegenheiten" scharf zurück. Nehru, der indische Ministerpräsident, konnte es nicht wagen, seinen mächtigen Nachbarn ernsthaft zu erzürnen. Also nahm die Invasion ihren Verlauf und erreichte im September 1951 mit dem Marsch auf Lhasa ihren Höhepunkt.

In Lhasa hatte sich die Nachricht vom Fall Chamdos verbreitet, und alle begannen den Ernst der Lage zu begreifen. Die Regierung beriet intensiv, und die Bevölkerung forderte, die Macht dem Dalai Lama zu übergeben. Schließlich wurde das Gadong-Orakel befragt. Orakel – von denen es mehrere gab – hatten für die tibetische Regierung eine enorme Bedeutung; man befragte sie, wann immer ein schwieriges Problem zu lösen war. Das Orakel sprach durch den Mund eines Mannes, der sich im Trancezustand und unter dem Einfluß der Schutzgeister Tibets befand. Im Laufe der Jahre hatte dieses Verfahren sich als nützliche Ergänzung der traditionelleren Regierungsmethoden erwiesen.

Auch jetzt wurde das Orakel angerufen, und das Medium fiel in Trance. Als die Schutzgeister von seinem Körper Besitz ergriffen, wuchs seine Kraft beträchtlich, und seine Diener setzten ihm rasch den zeremoniellen Kopfschmuck auf. Normalerweise war dieser Schmuck zu schwer für einen Menschen; doch während der Trance tanzte das Medium damit herum, als sei er fast gewichtslos.

Die Priester legten dem jungen Dalai Lama den Kata, den traditionellen weißen Schal, um und baten das Orakel um Rat. "Macht ihn zum König" lautete die Antwort,

Links: *Die chinesische Kavallerie trägt ihre Fahnen nach Tibet.*

und kurz danach brach das Medium zusammen und erwachte aus der Trance.

Der fünfzehnjährige Tenzin Gyatso zögerte, so früh spiritueller und weltlicher Führer seines Volkes zu werden. Doch ihm wurde schnell klar, daß er keine andere Wahl hatte, sondern das Beste aus den Umständen machen mußte. Die Tibeter brauchten jetzt die Autorität des Dalai Lama.

Ich konnte mich meiner Verantwortung nicht entziehen. Ich mußte sie auf mich nehmen, meine Kindheit hinter mir zurücklassen und mich unverzüglich darauf einstellen, mein Land zu führen.

DER 14. DALAI LAMA

Ganz rechts: ***Die Ruinen des Klosters Tse-Choling am Ufer des Kyichu.***

Rechts: ***Der Dalai Lama mit Premierminister Tschou En-lai 1956 in Indien.***

Also wurde der 14. Dalai Lama am 17. November 1950 während der traditionellen Zeremonie im Potala in sein Amt eingeführt.

DIE CHINESISCHE BESATZUNG

In den folgenden neun Jahren bemühte der Dalai Lama sich nach Kräften, seinem Volk zu helfen. Aber bald zeigte sich, daß die Chinesen mit ihrem Versprechen, Straßen zu bauen, die Elektrizität einzuführen und Tibet zu einem modernen Land zu machen, lediglich ihre wahren Absichten verschleiern wollten: die tibetische Kultur, Sprache und Religion auszulöschen und das Land zu einer chinesischen Provinz zu machen. Außerdem bauten die Chinesen ohne Rücksicht auf das Land und die Tierwelt Mineralien ab, zerstörten die Wälder und schafften das Holz nach China.

Der Dalai Lama wurde nach China eingeladen, um ihm ein fröhliches Volk unter kommunistischer Herrschaft vorzuführen. Er sprach mehrmals mit Mao, und obwohl er immer deutlicher erkannte, daß man ihn manipulierte, blieb er nach außen hin Diplomat. Trotz aller chinesischen Zusagen verschlechterte die Situation sich weiter, und Tibet litt zum erstenmal unter einer schweren Lebensmittelknappheit, weil es die vielen chinesischen Soldaten verpflegen mußte. Kein anderes Land war bereit, Tibet zu helfen, obwohl verschiedene Greueltaten ans Licht kamen und internationale Menschenrechtsgruppen das Vorgehen der Chinesen anprangerten. Die Lage verschlimmerte sich derart, daß der Dalai Lama ins Exil floh.

DIE KULTURREVOLUTION

Sobald die Tibeter erfuhren, daß der Dalai Lama geflohen war, weil er erkannt hatte, daß er seinem Volk als Gefangener der Chinesen nicht länger dienen konnte, brach ein Aufstand aus. Die Menschen hatten es satt, ihr Leben von den Chinesen bestimmen zu lassen, und als ihr geliebter Führer im Exil war, griffen sie ihre Unterdrücker an und ließen der Wut freien Lauf, die sich seit der Invasion aufgestaut hatte. Doch die chinesische Armee hatte inzwischen ihre Macht gefestigt und war besser ausgerüstet als die Tibeter; sie blieb nach harten Kämpfen, die Tausende von Menschenleben kosteten, trium-

phaler Sieger. Jetzt ließen die Chinesen ihre Maske fallen und begannen systematisch, die tibetische Kultur und Religion zu vernichten und die Rohstoffe zu plündern.

Einige Fortschritte gab es, doch davon profitierten fast ausschließlich die Chinesen, die in immer größerer Zahl einwanderten. Offener Rassismus wurde praktiziert, und die Tibeter galten bald in ihrem eigenen Land als Untermenschen. Armut, die bis dahin unbekannt war, breitete sich aus, und die Menschenrechte wurden mit Füßen getreten. Jeglicher Widerstand wurde brutal unterdrückt, und die Besatzer bauten riesige Gefängnisse, um rebellische Tibeter unterzubringen. Glück und Wohlstand im Kommunismus hatten die Chinesen versprochen, doch alle Parolen waren nun als Lügen entlarvt.

Zur selben Zeit war in China ebenfalls ein Machtkampf im Gange. Maos extreme ideologische Reformen stießen beim gemäßigten Präsidenten Liu Schaotschi auf Ablehnung, aber Mao gelang es 1966, die Macht an sich zu reißen, obwohl sein "großer Sprung nach vorne" gescheitert war. Dies war der Beginn einer der tragischsten Epochen in der modernen Geschichte, der Kulturrevolution, die größeres Leid und mehr Tote mit sich brachte als der zweite Weltkrieg. Doch China hatte seine Türen zur Außenwelt geschlossen, und darum wurde das ganze Ausmaß des Schreckens erst vor kurzem enthüllt.

Tibet und andere Gebiete mit "Minoritäten" litten noch mehr als China. Die Tibeter galten als reaktionär, weil sie an ihrer Sprache, Religion, Tracht und Kultur festhielten und sich damit gegen die totale Uniformität des Proletariats stellten. Am 25. August 1967 drangen Rote Garden, fanatische junge Schläger, in Tibet ein – mit der Erlaubnis, alles nach Belieben zu zerstören. So hörten sich ihre Proklamationen an:

Rechts: **Das Kloster Ganden im Jahr 1991. Es liegt teilweise immer noch in Trümmern, obwohl einige Gebäude restauriert wurden.**

Wir, eine Gruppe gesetzloser, revolutionärer Rebellen, werden mit eisernem Besen und mächtigem Knüppel die alte Welt hinwegfegen und die Menschen in totale Verwirrung stürzen.

Während die Jugend des Westens den Balladen der Beatles über Liebe und Frieden lauschte und eine nie dagewesene Freiheit genoß, mußten die tibetischen Jugendlichen mit ansehen, wie ihre tausendjährige Kultur zerschmettert wurde. Alte, wertvolle Manuskripte – die Arbeit von Jahrhunderten – wurden fünf Tage lang in einem gewaltigen Feuer verbrannt; schöne alte buddhistische Statuen, Gemälde und Fresken wurden entweiht und zerstört, historische Bauten zertrümmert.

Erniedrigung und Folter begleiteten die materielle Vernichtung. Mönche und Nonnen wurden gezwungen, auf heiligen Bildern herumzutrampeln und sie zu zerstören. Diejenigen, die sich weigerten, wurden verprügelt und durch die Straßen gezerrt, wo die Zuschauer sie bespucken und schlagen mußten. Man zwang Mönche und Nonnen zum öffentlichen Geschlechtsverkehr, und anschließend mußten sie zusehen, wie ihre Klöster in Schutt und Asche sanken. Laien wurden verspottet, wenn sie ihre traditionellen Kleider trugen; man schnitt ihnen auf der Straße ihre langen Zöpfe ab, verprügelte sie und zwang sie, sich an der allgemeinen Verwüstung zu beteiligen.

Die chinesische Verwaltung in Tibet, die "Große Allianz", wurde ebenfalls als "konterrevolutionär" attackiert; aber sie konnte sich wehren. Nachdem die Roten Garten einige Wochen gewütet hatten, bemächtigten sie sich der wichtigsten tibetischen Zeitung und versuchten, auch den Befehl über die Armee zu übernehmen. Es gelang ihnen sogar, den Vorsitzenden der kommunistischen Partei Tibets, Zhang Gouhua, in die Flucht zu jagen. Fast drei Jahre lang kämpften das alte und das neue Regime erbittert um die Vorherrschaft.

Obwohl es sich im wesentlichen um einen Streit zwischen zwei chinesischen Parteien handelte, waren die Tibeter die Hauptleidtragenden. Die chinesische Verwaltung war immerhin organisiert und berechenbar gewesen, und die Tibeter, die sich auflehnten, hatten gewußt, welche Strafe ihnen drohte. Es herrschte zwar Unterdrückung, aber Ordnung. Die Kulturrevolution war dagegen eine undisziplinierte und unberechenbare Gewaltherrschaft.

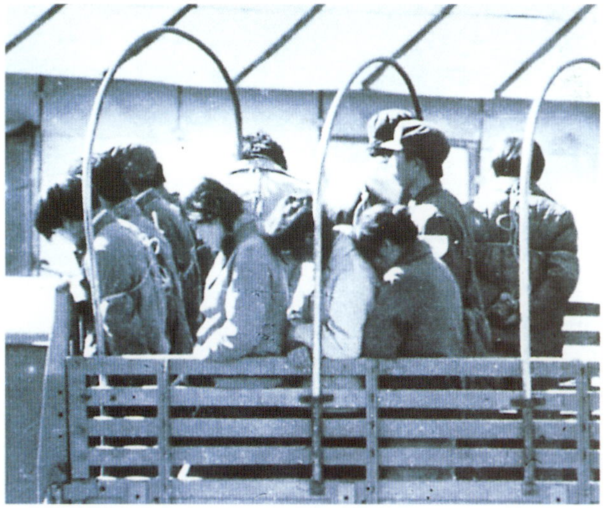

Links: Tibetische Gefangene auf einem Lastwagen, bewacht von chinesischen Soldaten.

Banden aus Rotgardisten zogen durch die Straßen und zertrümmerten alles, was tibetisch war. Sie vergewaltigten, prügelten und folterten wahllos, und es kam sogar zu Kreuzigungen neben den spontanen Thamzings, bei denen die Teilnehmer ihre "Verbrechen" gestehen und ihre Angehörigen sie schlagen mußten. Die Straßen waren unsicher, Häuser wurden geplündert – oft nachts – und die Bewohner wegen "konterrevolutionärer Umtriebe" in Gefängnisse geschleppt, meist ohne Gerichtsverfahren.

Verboten waren Gebete (da Religion nunmehr illegal war) und sogar die Zugehörigkeit zu einer gebildeten oder religiösen Gesellschaftsschicht, zum Beispiel zur Ärzteschaft.

> *Aus Vergewaltigungen und Schlägen wurden Hinrichtungen, und die Opfer wurden gezwungen, ihre eigenen Gräber zu schaufeln, ehe man sie erschoß.*
>
> John Avedon

Wer im Gefängnis saß, wurde gefoltert, um Geständnisse aus ihm herauszupressen. Die Überlebenden mußten anschließend an Umerziehungskursen teilnehmen und Zwangsarbeit unter erbärmlichen Bedingungen verrichten.

Viele starben, und die Gefängnisse waren derart überfüllt, daß man viele Insassen in andere Teile des Landes transportieren mußte, zum Beispiel in die Wüste Tengger an der Grenze zur Mongolei, wo die Chinesen 1940 ein riesiges Konzentrationslager errichtet hatten, das fast zehn Millionen Menschen aufnehmen konnte. Von den Tausenden Tibetern, die dort hingebracht wurden, überlebten nur wenige hundert, da eine zweijährige Hungersnot die ohnehin hohe Sterblichkeit noch vergrößerte.

Im Jahr 1970 war die Lage wieder stabil; die Revolutionäre und die Große Allianz hatten einen neuen Revolutionsausschuß gegründet. Die Verschleppungen und Folterungen gingen jedoch weiter, und wer nicht eingesperrt war, mußte an der Vernichtung der eigenen Kultur, vor allem der Klöster und der religiösen Objekte, teilnehmen.

Alles Wertvolle war bereits nach China gebracht worden. Religiöse Text dienten als Pack- oder Toilettenpapier, die Holzblöcke, in denen sie aufbewahrt wurden, als Baumaterial. Bilder aus Metall und Goldlegierung wurden eingeschmolzen, Tonfiguren auf die Straße geworfen. Persönliche Tragödien und kulturelle Auslöschung gingen Hand in Hand.

Man bildete Kommunen, um die Nahrungsmittelproduktion anzukurbeln und die Menschen in Gruppen zu beaufsichtigen. Alles gehörte nun dem Staat. Es gab keine Bewegungsfreiheit: Die Menschen wurden einer Kommune zugeteilt und hatten dort zu bleiben. Die Arbeit auf dem Feld füllte den Tag aus; die Abende waren Propagandaveranstaltungen vorbehalten, bei denen die Tibeter ihre "Befreier" mit Liedern preisen und den Dalai Lama, ihre Religion und die alte Lebensweise beschimpfen mußten. Wer nicht mitmachte, wurde durch Thamzing bestraft.

Da die Chinesen gerne Weizen aßen, versuchten sie, die Gerste durch ihn zu ersetzen, was jedoch mißlang und die Hungersnot verschlimmerte. Man schaffte unbrauchbare Düngemittel aus China herbei und richtete damit weitere ökologische Schäden an. Wer sein Arbeitssoll nicht erfüllte, wurde nun bestraft.

Um 1975 waren die von den Kommunen ausgelösten Katastrophen überwunden, und genügend Gerste wurde angebaut. Chinesen aus dem überbevölkerten Mutterland wanderten zu Tausenden nach Tibet aus. Sie bauten große, neue Städte aus Beton im chinesischen Stil, bauten die alten, teilweise zerstörten Städte wieder auf und erweiterten sie im selben Stil. Neben seinen Tieren, seinen Wäldern und seiner traditionellen Lebensweise verlor Tibet auch seine Architektur.

1976 bestätigten amerikanische Satelliten Gerüchte, wonach das chinesische Kernkraftwerk bei Lop Nor nach Nagchuka, 256 km nördlich von Lhasa, verlegt worden war. Jetzt war also auch in Tibet das Atomzeitalter angebrochen.

Oben: *Tibetische Männer, Frauen und Kinder bauen 1986 das Kloster Samye wieder auf.*

DAS MODERNE TIBET

Ich kann die derzeitige Situation in Tibet nicht vergessen. Unzufriedenheit und Unterdrückung sind nicht auf Lhasa beschränkt.

DER 14. DALAI LAMA

Tibet ist ein besetztes Land geblieben; sein Volk ist eine Minderheit, seine traditionelle Kultur und Religion sind weitgehend zerstört. Dennoch hat die Lage sich gebessert, vor allem nach dem Tod Maos. Das Kriegsrecht wurde gelockert, und die tibetische Religion darf heute ausgeübt werden, auch wenn das nicht gerne gesehen wird. Einige Auswüchse der Kulturrevolution wurden beseitigt, fast ein Drittel der Klöster teilweise oder ganz wiederaufgebaut. Für den oberflächlichen Touristen ist das Leben in Tibet schön.

Die Unterdrückung durch die Behörden ist heute subtiler. Patriotismus ist Voraussetzung für die Religionsausübung. Mönche müssen ein Dokument unterzeichnen, in dem sie versichern, das gegenwärtige Regime zu unterstützen; sie müssen sich drei Monate lang "umerziehen" lassen und eine Prüfung ablegen, um nachzuweisen, daß sie ihre Lektion gelernt haben. Die Klöster werden offenbar nicht behelligt; aber das Gesetz ist vage, was den Umfang der erlaubten Religionsausübung betrifft. Nur

Rechts: ***Ein Khampa-Mann trägt einen traditionellen Hut und eine moderne Sonnenbrille. Osttibet 1991.***

"normale" Religiosität ist gestattet, doch dieser Begriff ist nirgendwo definiert. Wer ein Kloster leiten will, muß als Patriot bekannt sein, und einige hohe Geistliche sind Spione der Regierung. Laien leiten heute zwei der größten Klöster: Drepung und Sera. Die Zahl der Mönche ist beschränkt und wird überwacht.

Es gibt Straßen, Elektrizität, einen Flughafen, Hotels für Touristen, Faxgeräte, Karaoke-Bars und Diskotheken. Es gibt Schulen, Krankenhäuser, Bettler und Prostituierte. Besucher, die unter diese oberflächliche Normalität blicken wollen, können jedoch in Schwierigkeiten geraten, und es ist nicht ratsam, Tibeter nach ihrer politischen Einstellung zu fragen, da sie die Parteilinie nicht kritisieren dürfen.

Die Polizei hält sich zurück. Seit 1991 stehen an den Straßenecken keine Posten mit Maschinengewehren mehr, und seit 1990 fahren keine Panzer mehr durch die Straßen. Aber die Überwachungskameras und die vielen Polizisten in Zivil sind unübersehbar. Die Kasernen mit Bereitschaftspolizei stehen immer noch, und in ländlichen Gegenden sind immer noch starke Truppen konzentriert.

Es gibt Plakatkampagnen gegen die "Spalter" – Befürworter eines freien Tibets –, aber die meisten Besucher können die chinesischen Zeichen nicht lesen. Sie greifen den Dalai Lama an und behaupten, er sei kein religiöser Führer mehr, sondern ein politischer Verräter. Aber der durchschnittliche, politisch unauffällige Tibeter darf heute aus Tibet ausreisen, sofern er die richtigen Verbindungen und viel Zeit hat, und das Reisen im Land ist ebenfalls leichter. Tibet gehört jetzt zur modernen Welt, wenn auch nicht so, wie die Tibeter es gewollt haben.

Die Staaten der Welt sind betört vom Profit, den ihnen der Handel mit China bringt, und sie weigern sich, die Unabhängigkeit Tibets und die tibetische Exilregierung anzuerkennen. Die Verletzung der Menschenrechte in China wird zwar gelegentlich kritisiert, aber das hat leider nicht zu politischen Konsequenzen geführt. Dazu wird es auch nicht kommen, solange die internationale Staatengemeinschaft uneinig ist.

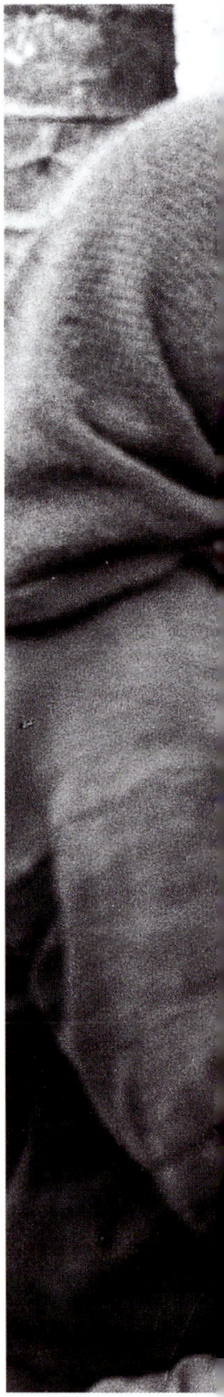

Links: ***Tibetische Kinder spielen in Lhasa.***

3

Ein Volk im Exil

Wenn das Pferd auf Rädern läuft und der eiserne Vogel fliegt,
wird das tibetische Volk wie Ameisen über das Antlitz der Erde zertreut.

PADMASAMBHAVA

Nach der Flucht des Dalai Lama kam es in Lhasa zu Aufständen, die von den Chinesen brutal niedergeschlagen wurden. Tausende von Tibetern kamen ums Leben. Diese Gewaltanwendung – die größte während der Besatzung – kündigte die Unterdrückung an, die folgen sollte, und löste eine erste Fluchtwelle aus. Viele Tibeter verließen Hals über Kopf ihre Häuser, Familien, Freunde und Besitztümer und folgten dem Dalai Lama in eine unbekannte Zukunft im Exil.

Der Dalai Lama war am 31. März 1959 in Indien angekommen und nach Mussoorie eskortiert worden, wo er einige Jahre lebte. Hunderte von Tibetern, die unterwegs nach Indien, Nepal oder Bhutan waren, brachten schreckliche Nachrichten über den Kampf in Lhasa mit. Die indische Regierung war auf eine so große Zahl von Flüchtlingen nicht vorbereitet, errichtete aber rasch Durchgangslager in Missamari und Buxa Duar, um die Menschen unterzubringen.

Nehru hatte bis dahin dafür plädiert, mit den Chinesen eine Einigung zu suchen, und ein Eingreifen abgelehnt, obwohl indische Politiker ihn dafür kritisierten, als bekannt wurde, daß die Chinesen diese uralte Nation vernichteten. Er befand sich in einer schwierigen politischen Lage und wollte den mächtigen Nachbarn nicht verärgern. Dennoch hielt er an seinen humanistischen Prinzipien fest und half den Flüchtlingen nach besten Kräften.

Großes Bild: Ein tibetischer Flüchtling schlägt heilige Zeichen in einen Felsen in Manali im Norden Indiens.

Links: Einige der ersten tibetischen Flüchtlinge, die 1959 in Indien ankamen.

Viele überlebten die Flucht ins Exil nicht. Chinesische Soldaten erschossen oft jene, die sie bei einem Fluchtversuch ertappten. Der gefährliche Treck über hohe, tief verschneite Gebirgspässe und die Schneestürme kosteten weitere Menschenleben, vor allem bei Kindern und Alten. Viele kamen derart geschwächt in Indien an, daß sie nur noch wenige Tage oder Wochen lebten, zumal Kummer und Verzweiflung ihren körperlichen Zustand verschlimmerten. Unter den Flüchtlingen waren Waisen, Mütter, die ein Kind oder mehrere verloren hatten, und Männer, die gegen die Chinesen gekämpft und ihre Familien verlassen hatten, um der Rache der Besatzer zu entkommen.

Rechts: ***Ein indischer Beamter begrüßt den Dalai Lama 1959 an einem indischen Armeeposten in Assam.***

Die Tibeter sind ein zähes Volk; aber sie hatten auf dem "Dach der Welt" mit vielen Krankheiten keinen Kontakt gehabt und waren nicht an das Klima in den Niederungen gewöhnt. Darum wurden viele von ihnen zu Opfern der Tuberkulose, von Verdauungsstörungen, deren Ursache die ungewohnte Kost war, und von Krankheiten, die sich in der feuchten Hitze des indischen Sommers ausbreiteten.

Zudem waren die schweren Kleider der Tibeter in Indien ungeeignet.

Im Juni 1959 war die Zahl der Flüchtlinge auf über zwanzigtausend gestiegen, und täglich kamen neue hinzu. Der Dalai Lama traf sich in Delhi mit Nehru, um das weitere Vorgehen zu besprechen.

Die Übergangslager waren überfüllt, viele Flüchtlinge starben, und alle litten unter dem tropischen Klima.

Indien hatte die neue tibetische Exilregierung, Kashag genannt, zwar nicht offiziell anerkannt, arbeitete aber mit ihr einen Plan aus: Die Flüchtlinge sollten im Norden bei Straßenbauarbeiten eingesetzt werden.

Die Lager der Arbeiter befanden sich in größerer Höhe, so daß die Tibeter sich dort wohler fühlen würden, und außerdem konnten sie sich dadurch ihren Lebensunterhalt verdienen.

DAS LEBEN IN INDIEN

Kinder, Frauen und Männer arbeiteten Seite an Seite in Gruppen. Ehemalige Nonnen, Bauern, Mönche, Beamte, alle zusammen. Sie mußten sich den ganzen Tag lang unter einer heißen Sonne abrackern und die Nacht in engen Zelten verbringen.

DER 14. DALAI LAMA

Großes Bild: ***Tibetische Flüchtlinge bauen die Leh-Straße im Kulu-Tal, Nordindien.***

Unten: ***Der Dalai Lama (Mitte) trifft sich 1956 mit Pandit Nehru (links).***

Das neue Leben war hart und voller Gefahren, und die schwere Arbeit forderte ihren Tribut von den körperlich und seelisch geschwächten Menschen. Da sie sich unter die Inder mischten, kamen sie in Kontakt mit unbekannten Krankheiten, und das Sterben ging weiter. Auch die Versorgung und Erziehung der Kinder war eine wichtige Aufgabe: "Eure Kinder sind eure Zukunft", sagte Nehru zum Dalai Lama.

Nehru kümmerte sich persönlich um die Einrichtung eigener Schulen für die tibetischen Flüchtlingskinder und versprach, das Projekt zu finanzieren. Diese Schulen trugen dazu bei, die Kultur der Tibeter zu erhalten, und halfen den Kindern, in die moderne Welt hineinzuwachsen. Darum brachte man ihnen Englisch bei und unterrichtete auch in dieser Sprache. Fünfzig Kinder wurden ausgewählt, in der ersten Schule in Mussoorie ein neues Leben zu beginnen. Das brachte eine weitere Trennung von der Familie mit sich, aber die Tibeter erkannten, daß es wichtig war, die Kinder gut auszubilden und ihr kulturelles Erbe zu bewahren.

Großes Bild: Ein Tibeter hängt Gebetsfahnen auf, um Losar, das tibetische Neujahr, zu feiern.

Unten: Eines der ersten Flüchtlingslager 1959 in Delhi.

Im September 1959 erreichte die Zahl der Flüchtlinge fast dreißigtausend, und es gab ein neues, drängendes Problem. Viele Flüchtlinge waren Mönche und hohe Lamas, die unter der religiösen Verfolgung in Tibet am meisten gelitten hatten. Sie hatten so viele heilige Texte mitgebracht, wie sie hatten tragen können, um die kostbaren buddhistischen Schriften vor der Vernichtung zu retten. Nun wurden auch sie als Straßenarbeiter eingesetzt und fielen Krankheiten oder dem Tod zum Opfer.

Wir wollten unsere Religion unbedingt retten; aber nach einigen Jahren waren so viele Mönche gestorben, daß der Rest sich fragte, ob wir diesen Ort jemals lebendig verlassen würden.

KHENTRUL RIMPOCHE

Die Verbreitung des tibetischen Buddhismus hing weitgehend von der besonderen Beziehung zwischen einem spirituellen Lehrer und seinen Schülern ab, und die Unterweisung erfolgte zum größten Teil mündlich. Jedesmal, wenn ein Lama starb, starb ein wenig buddhistische Weisheit mit ihm. Darum schlug der Dalai Lama vor, den hohen Lamas eine andere Arbeit zu geben. Das war jedoch schwierig, weil sie nicht an weltliche Tätigkeiten gewöhnt waren.

Diese Bedrohung des innersten Kerns der tibetischen Kultur mußte so schnell wie möglich abgewendet werden. Nehru bat die indischen Bundesstaaten, den Tibetern ein wenig Land zu stiften, damit sie eigene Dörfer errichten konnten. Die erste Gabe waren 1200 Hektar Land bei Mysore in Südindien, und obwohl dieses Geschenk gut gemeint war, brachte es doch einige Probleme mit sich.

Die Gegend war nämlich noch heißer als die, in der die Flüchtlingslager sich befanden, und weit von der Residenz des Dalai Lama in Dharamsala entfernt. Zudem war das Land unerschlossen und stark bewaldet, so daß die neuen Siedler harte Bedingungen antreffen würden.

Dennoch nahm der Dalai Lama das Geschenk dankbar an, da inzwischen jede Hoffnung auf eine baldige Rückkehr in ein freies Tibet erloschen war: Jeder neue Flüchtling berichtete von gewaltsamer Unterdrückung. Die Chinesen wollten allem Anschein nach in Tibet bleiben.

Oben links: *Ein Tibeter in traditioneller Tracht in Zentraltibet, 1933.*

Oben rechts: *Flüchtlinge im Jahr 1970 in einem Lager in Manali, Nordindien.*

Rechts: *Maisanbau in Manipat, Indien.*

Großes Bild: Ein tibetisches Mädchen mit einem Baby im Kulu-Tal, Nordindien, 1970.

Oben links: Eine alte Tibeterin vor ihrem Haus im Flüchtlingslager, Südindien, 1995.

Oben rechts: Ein tibetischer Flüchtling in Manali, Nordindien, 1970.

Links: Tibetische Kinder im Kulu-Tal, 1970.

Der Dalai Lama bat auch andere Länder um Unterstützung (Nehru erlaubte sie, förderte sie aber nicht), erhielt jedoch kaum mehr als freundliche Worte. Kein wichtiges Land wollte sich mit China anlegen, obwohl die Menschenrechtsverletzungen in Tibet nach und nach in der ganzen Welt angeprangert wurden. Der Dalai Lama mußte erkennen, daß es seine Hauptaufgabe war, die tibetische Religion und Kultur im Exil zu bewahren.

DIE GESCHICHTE EINES ERFOLGES

Viele der ersten 666 Siedler in Bylakuppe, Südindien, brachen nach ihrer Ankunft im Dezember 1960 in Tränen aus. Man gab ihnen Zelte und einige Werkzeuge und

Rechts: Mönche in Dharamsala essen während einer Unterrichtspause Reis.

überließ es ihnen, den Dschungel zu roden, Felder anzulegen und Dörfer zu bauen. Die Tibeter lösten diese gewaltige Aufgabe dank ihres unbeugsamen Willens und der Ermutigung durch den Dalai Lama. Aber in den ersten Jahren war das Leben hart; der Rauch der Feuer erfüllte die Luft, und die Hitze war fast unerträglich. Auch die wilden Tiere waren gefährlich, besonders die Elefanten, die immer wieder Verwüstungen anrichteten.

Alle sechs Monate wurden fünfhundert neue Siedler nach Bylakuppe geschickt. Viele starben dort, aber die Zahl der Siedler wuchs langsam. Im Jahr 1962 waren die ersten Häuser fertig, und etwa zehn Jahre danach lebten zehntausend Menschen in zwanzig Dörfern und sechs Klöstern. Es war für die Bauern nicht leicht, sich an das völlig andere Land und an das andere Klima zu gewöhnen; aber sie paßten sich an und lernten, unterstützt von ausländischen Organisationen, Mais und Ragi (ein Getreide) anstelle ihrer traditionellen Gerste anzubauen. Sie hatten Erfolg mit Obstgärten und Milchkühen; aber Versuche, Schlachtvieh zu züchten, schlugen fehl, weil die Tibeter an ihrer buddhistischen Ehrfurcht vor dem Leben festhielten.

> *Ich erinnere mich gut daran, wie besorgt die Siedler bei meinem ersten Besuch in Bylakuppe waren, weil sie bei der Landbearbeitung den Tod unzähliger kleiner Geschöpfe und Insekten verursachten. Für Buddhisten ist das eine schreckliche Tat; denn wir halten alles Leben, nicht nur das menschliche, für heilig.*
>
> DER 14. DALAI LAMA

Andere Siedlungen in Kalimpong, Orissa und Arunchal Pradesh wurden gebaut und entwickelten sich im Laufe der Jahre gut. Erneut wurden mit ausländischer Hilfe einige Genossenschaften gegründet, die vor allem

Teppiche webten, eine Fertigkeit, welche die Flüchtlinge aus Tibet mitgebracht hatten. Aber sie fügten sich auch in die indischen Gemeinden ein und errichteten Werkstätten für Traktoren und ähnliche Betriebe. Wie groß ihr Überlebenswille war, zeigt die Tatsache, daß Bylakuppe sich nach sechs Jahren selbst versorgte und nach zehn Jahren Gewinne erzielte.

EINE NEUE GEMEINDE

Am 30. April 1960 kamen der Dalai Lama und sein Gefolge in Dharamsala an, genauer gesagt in dem kleinen Dorf McLeod Ganj, das etwa eine Meile entfernt war. Die Briten hatten hier ihren Sommerurlaub verbracht, weit über den heißen Ebenen. Das Dorf liegt am Fuße des Himalaya, und an einem klaren Tag hat man eine herrliche Aussicht hinab in die Täler und empor zu den schneebedeckten Bergketten.

> *Wir kamen ziemlich spät an, so daß ich nicht viel sehen konnte. Aber als ich am folgenden Morgen erwachte, hörte ich zuerst den typischen Ruf eines Vogels, der, wie ich später herausfand, in dieser Gegend heimisch war…*
> *Ich schaute aus dem Fenster nach ihm, sah ihn aber nicht. Dafür begrüßte mich der prachtvolle Anblick der Berge.*
>
> DER 14. DALAI LAMA

Dieser tröstende, vertraute Anblick war ein angenehmer Willkommensgruß. Der Dalai Lama residiert heute noch dort.

Im Laufe der Jahre ist McLeod Ganj ein kleines Tibet geworden, in dem mehr als fünftausend tibetische Flüchtlinge leben. Die tibetische Exilregierung ist in einem Gebäudekomplex in der Nähe der Bibliothek und des Archivs untergebracht. Die Bibliothek besitzt Tausende von heiligen Texten, eine eigene kleine Druckerei und ein paar unbezahlbare Schätze, die über die Berge geschmuggelt wurden. Es gibt auch Kurse über den tibetischen Buddhismus für die "Westler", die jedes Jahr in größeren Scharen kommen.

Oben: ***Der Dalai Lama unterrichtet in seinem Kloster in Dharamsala.***

In McLeod Ganj wurden auch mehrere Mönchs- und Nonnenklöster sowie ein medizinisches und ein astrologisches Institut gebaut. Dort kann man einen tibetischen Arzt konsultieren und traditionelle tibetische Arzneien kaufen.

Die beiden Hauptstraßen sind von kleinen Läden gesäumt, oft mit Werkstätten an der hinteren Seite. Sie verkaufen Teppiche, Taschen, Schmuck und tibetischen und buddhistischen Krimskrams. Hotels und Restaurants aller Art stehen den Touristen zur Verfügung. Im tibetischen Institut für darstellende Künste kann man traditionelle Volkstänze, Musik und Lieder bewundern. Ein paar

Meilen tiefer liegt Norbulingka, wo junge Tibeter traditionelle Künste erlernen, zum Beispiel das Herstellen von Thankas, Tüchern, die mit buddhistischen Motiven bemalt und mit Seidenbrokat gesäumt sind.

Aber hinter diesem Wohlstand verbirgt sich auch Armut. Junge Mönche, Nonnen und Kinder bitten Touristen oft um eine milde Gabe. Je weiter die Häuser von der Hauptstraße entfernt sind, desto ärmlicher sind sie, und das tibetische Kinderdorf – ein großer Erfolg der Anfangszeit – kann immer noch nicht alle tibetischen Kinder unterbringen. Manche jungen Tibeter glauben nicht mehr daran, daß sie je in ein Land zurückkehren werden, das sie gar nicht kennen. Überall fordern Plakate ein freies Tibet; doch viele Menschen haben sich damit abgefunden, in Indien zu bleiben. Heute leben insgesamt hunderttausend Tibeter als Flüchtlinge außerhalb ihres Landes.

Das Leben ist natürlich schwer, wenn man aus seiner Heimat fliehen mußte. Aber inzwischen ist eine neue Generation von Tibetern herangewachsen, die ihr Land nie gesehen haben und mit anderen Problemen kämpfen müssen. Die Arbeitslosigkeit unter den College-Absolventen ist hoch – und diese jungen Leute sind nicht damit zufrieden, tibetische Kunstgegenstände zu verkaufen. Einige von ihnen sind dank einer Patenschaft recht erfolgreich; aber in ihre Dankbarkeit mischt sich auch Groll.

Junge Männer mit Pferdeschwanz, die mit ihrer Freundin Motorrad fahren, sind Teil einer Jugendkultur, mit der wir im Westen vertraut sind. Aber hier sind es junge Tibeter, und die Mädchen kommen oft aus dem Westen. Auch der Drogenkonsum beginnt sich auszubreiten.

Wie die zornigen jungen Leute, die in den sechziger Jahren in Europa und Amerika gegen eine restriktive Kultur protestierten, fühlen auch die heutigen tibetischen Jugendlichen sich eingeengt und entfremdet, weil sie in einem Land leben müssen, das nicht ihr eigenes ist. Das oft romantische westliche Bild der Tibeter ist eine Projektion, mit der sie ebenfalls nichts zu tun haben wollen.

Oben: Tibeter drehen Gebetsmühlen in McLeod Ganj.

Links: Das Nechung-Orakel beim Monlam-Fest im Kloster Drepung.

DIE GESCHICHTE VON TSERING

Dennoch gibt es auch einen stillen Optimismus in der tibetischen Jugend. Tsering ist 26 Jahre alt, wurde in Amdo geboren und floh 1992 aus Tibet. Sein erster Versuch scheiterte allerdings. Er hatte die Erlaubnis erhalten, nach Lhasa zu reisen, und war teils zu Fuß, teils per Anhalter zur Grenze aufgebrochen. Chinesische Soldaten erwischten ihn bei einer berühmten Stupa (einem buddhistischen Schrein). Da er wußte, was ihm blühte, dachte er sich eine Geschichte aus:

Ich erzählte ihnen, ich sei ungebildet, kein Mönch, sondern ein einfacher Bauer. Diese Stupa steht in dem Ruf, daß sie jedem ein gutes Leben und eine günstige Wiedergeburt verschafft, der um sie herumläuft. Also behauptete ich, ich hätte genau das vorgehabt. Zum Glück glaubten sie mir. Sie nahmen mir mein ganzes Geld ab, steckten mich drei Tage ins Gefängnis und brachten mich zurück nach Lhasa.

Unbeirrt versuchte Tsering es erneut, diesmal mit einem Freund, der Geld und ein Dokument besaß, das ihm den Aufenthalt nahe der Grenze gestattete. Sie gingen sieben Tage lang an einen einsamen Ort, wo sie die Grenze nach Nepal überschreiten konnten. Aber dann begegneten sie Räubern.

Es waren gute Räuber, sie wollten uns nicht töten. Mein Freund hatte etwas Geld im Schuh versteckt – wir hatten mit Räubern gerechnet –; aber sie nahmen ihm alles Geld und den Schmuck ab. Ich hatte kein Geld, weil die Soldaten es mir gestohlen hatten. Also gingen wir einfach weiter. Als wir unbekannte Bäume sahen, wußten wir, daß wir in Nepal waren. Ich war sehr glücklich.

Tsering blieb einige Monate in Nepal und ging dann nach McLeod Ganj. Als er sah, daß die Schule für neue Flüchtlinge kein Klassenzimmer hatte und die Schüler im Gras sitzen mußten, beschloß er, sich selbst zu helfen. Er fand eine gute Arbeit im Büro einer deutschen Hilfsorganisation (1992 war es für junge Tibeter mit Schulbildung leichter, eine Stellung zu bekommen).

Jetzt habe ich ein Zimmer und Arbeit, und ich bin glücklich. Ich darf tun und sagen, was ich will. In Tibet verbot mir ein Chinese sogar, Radio zu hören – da beschloß ich zu fliehen. Ich vermisse meine Angehörigen, aber ich kann ihnen schreiben, und sie freuen sich darüber, daß ich hier bin und ein neues Leben führe. Ich möchte mein Englisch verbessern und eines Tages wissenschaftlich arbeiten und übersetzen. Ich will keinen Paten, denn das macht die Leute gierig. Eines Tages kamen zwei Paten eines Freundes, die nichts voneinander wußten, gleichzeitig zu Besuch – wie peinlich! Ich glaube, man kann Religion und Politik nicht trennen, weil die Religion die Seele der Tibeter ist. In zehn oder zwanzig Jahren werden die Chinesen wohl den größten Teil der tibetischen Kultur in Tibet zerstört haben.

Dennoch lächelte Tsering, als er mir bei einer Tasse Tee seine Geschichte erzählte. Er akzeptiert, was geschehen ist, und setzt sein Leben fort. Als wir auf die Straße gingen, kannte er fast alle Leute – Tibeter und Westler – und blieb oft stehen, um zu plaudern. Er ist erfrischend offen und charmant, aber bescheiden. Ich fragte ihn, ob ich seine Geschichte in meinem Buch veröffentlichen dürfe, und er war einverstanden, obwohl er sie nicht sonderlich interessant fand – ich könne viele andere, bessere Geschichten finden, meinte er. Es mag sein, daß die Chinesen die alte Lebensweise in Tibet letztlich vernichten werden; aber der Geist der Tibeter wird in Menschen wie Tsering weiterleben.

DAS EXIL HEUTE

Auch in anderen Ländern gibt es kleine tibetische Gemeinden, vor allem in der Schweiz, die in den sechziger Jahren Pflegefamilien für tibetische Waisen zur Verfügung stellte. Die Vereinigten Staaten haben tausend Tibeter aufgenommen, die sich trotz anfänglicher Schwierigkeiten gut in eine völlig andere Gesellschaft eingelebt haben. Den ersten Flüchtlingen haben sich inzwischen weitere Gruppen angeschlossen, und nahe Angehörige der ersten Ankömmlinge dürfen ebenfalls einreisen. Die zunehmende Popularität des tibetischen Buddhismus hat dazu geführt, daß in vielen Ländern der Welt Zentren dieser Religion entstanden sind, in denen mindestens ein Lama ständig wohnt.

Die ersten Siedlungen in Südindien gedeihen gut, die drei größten Klöster Tibets wurden sorgfältig neu aufgebaut: Ganden und Drepung in Mundgod, Sera in Bylakuppe. Tausende von jungen Mönchen lernen bei den wenigen großen Meistern, die überlebt haben, und es besteht offenbar kein Mangel an jungen Mönchen, trotz aller Verlockungen der indischen oder westlichen Lebensweise.

Die Klöster sind von Dörfern umgeben, in denen Bauern, Teppichweber, Händler und Schulkinder leben und arbeiten.

Obwohl diese Siedlungen abseits der Touristenwege liegen, kann man sie mit einer besonderen Genehmigung besuchen. Wer an einer buddhistischen Zeremonie teilnimmt, die Stunden dauert, bekommt einen Eindruck vom Leben in diesen Klöstern. Man sitzt unter zahlreichen Mönchen in kastanienbraunen Kutten, die in wohlklingendem Sprechgesang alte tibetische Gebete rezitieren. Überall stehen riesige, vergoldete Statuen des Buddha und der Boddhisattvas (die man mit unseren Heiligen vergleichen kann). Junge Mönche eilen mit großen Teekesseln und Körben mit ungesäuertem Brot herbei, das sie während der Zeremonie fröhlich verspeisen. Das Ritual scheint zeitlos zu sein, und es hält den Geist Tibets am Leben, wenn auch in einem fremden Land.

Ganz links: ***Tibeter bestaunen Vorführungen auf der Straße.***

Links: ***Tibetische Mönche auf einem Motorrad in Dharamsala, 1977.***

Unten: ***Mönche spielen Frisbee in der Nähe von Rumtek, Sikkim.***

BEFREIT TIBET!

Eine der größten Sorgen des Dalai Lama ist die chinesische Besetzung Tibets. Die folgenden Passagen stammen aus den vielen Ansprachen, Pressekonferenzen und Interviews, in denen er darauf eingeht.

AN DAS TIBETISCHE VOLK

Im allgemeinen lernen wir in harten Zeiten am meisten. Wir haben seit der chinesischen Invasion viel über die Vergangenheit gelernt. In dieser Zeit haben die Chinesen enorme Probleme geschaffen. Aber der wichtigste Rat des Mahayana-Buddhismus lautet: Rache ist sinnlos. Die Tibeter, die diesen Rat befolgen, sind den Chinesen nicht böse. Ich habe oft gesagt: China hat Tibet verschluckt, kann es aber nicht verdauen. Das scheint heute noch zu gelten.

TIBET AUF DER WELTBÜHNE

Zunächst brauchen wir ein Gefühl der globalen Verantwortung. Die Zeiten ändern sich immer, vor allem die wirtschaftlichen Veränderungen sind groß. Wir sind heute alle sehr voneinander abhängig – das ist die Natur der Realität –, und es gibt einen engen Zusammenhang zwischen dem Verhalten der Menschen und der Ökologie. Jedes Land ist von seinem Nachbarn abhängig, und ich glaube, die Vorstellung von "wir" und "sie" ist bereits veraltet.

Der Geist der Gewaltlosigkeit ist in der heutigen Welt von großer Bedeutung bei der Lösung von Konflikten. Ich halte Gewaltlosigkeit für einen Ausdruck des Mitgefühls. Wir sollten sie nicht für Schwäche, sondern für Stärke halten. So lange es menschliche Intelligenz gibt, wird es Widersprüche geben, und der beste Weg, sie zu überwinden, ist die Gewaltlosigkeit, der Dialog. Das ist ein Gebot der Vernunft.

Tibet muß sich weiterentwickeln, und dabei ist es auf Hilfe angewiesen. Wenn wir uns teilweise einer anderen großen Nation anschließen, können wir also davon profitieren. Sobald die chinesische Regierung positive Signale sendet, bin ich bereit, ohne Vorbedingungen mit ihr zu sprechen und zu verhandeln. Darum bitte ich Sie: Helfen Sie uns.

Ich schätze die Medien sehr. Sie sind eine große Unterstützung ... Sie analysieren die Tatsachen aus verschiedenen Quellen und gelangen zu der Schlußfolgerung, daß die Menschen nicht so glücklich sind, wie die chinesische Regierung behauptet. Sie erforschen die Wirklichkeit, und ich halte das eher für gerecht als für protibetisch.

Ich glaube, es ist nur eine Frage der Zeit, bis das Problem Tibet gelöst ist. Die Lage wird sich ändern. Bis dahin werde ich ein wenig stur bleiben! Seit einiger Zeit erkennen auch manche chinesischen Künstler, Schriftsteller, Intellektuelle und Studenten die Realität und kritisieren die Politik der chinesischen Regierung ... Manche Leute sind sehr besorgt, zum Beispiel die Chinesen, die an der Demokratiebewegung teilnehmen, und sie sind mit uns solidarisch. Das finde ich sehr ermutigend.

PRESSEKONFERENZ IN LONDON, JULI 1996

Oben links: Eine Demonstration vor der chinesischen Botschaft in London. Das Plakat zeigt Yulu Dawa Tsering, einen verhafteten Mönch.

Oben rechts: Eine Parole an einem Felsen.

Links unten und rechts Mitte: Proteste vor der chinesischen Botschaft in London.

Rechts unten: Eine Tibeterin hält ein Schild mit der Aufschrift "Befreit Tibet".

BEFREIT TIBET!

DER SCHUTZ DER TIBETISCHEN KULTUR, WIRTSCHAFT UND UMWELT

Mein Hauptziel ist die Erhaltung der tibetischen Kultur. Wenn Tibet in separate Regionen geteilt bleibt und deren Kulturerbe in der chinesischen Kultur aufgeht, gibt es keine Hoffnung. Die tibetisch-buddhistische Kultur kann eine friedliche menschliche Gemeinschaft hervorbringen, nicht nur in Tibet. Die buddhistische Kultur trägt bereits dazu bei, die alten russischen Republiken der Burjaten, Kalmücken und Tuwinen wiederzubeleben. Diese Völker waren ursprünglich Buddhisten mit derselben Tradition wie die Tibeter, aber ihre Kultur war fast untergegangen.

Das wichtigste Volk, dem der tibetische Buddhismus helfen kann, sind die Chinesen. Amdo Lama, der in Peking lebt, hält seit zehn bis fünfzehn Jahren Kurse über den Buddhismus für ein kleines chinesisches Publikum ab. Neulich gab mir ein chinesischer Journalist ein Bild, auf dem ein hoher chinesischer Offizier zu sehen war, der in voller Uniform einfach dasaß und sehr ernsthaft meditierte. Viele Chinesen werden sich von der tibetisch-buddhistischen Tradition inspirieren lassen, wenn China offener wird und es dort mehr Freiheit gibt.

Manche Umweltschützer glauben, daß das natürliche Gleichgewicht und das Klima auf der tibetischen Hochebene für normale Monsune in den Ländern um den Himalaya sorgt. Unüberlegter Bergbau und das Abholzen der Wälder führen zu Erosion. Außerdem gibt es das Problem der Lagerung von Atommüll. Sie kann alle großen Flüsse in diesem Teil der Welt verseuchen: den Ganges, den Brahmaputra, den Gelben Fluß, den Jangtse und den Mekong, deren Quelle in Tibet liegt.

Wenn also etwas auf dem Dach der Welt geschieht, ist ein riesiges Gebiet in Ost-, Südost- und Südasien davon betroffen. Ökologen sind der Meinung, das Land sei wegen seiner große Höhe und seines trockenen Klimas empfindlicher und bräuchte lange, um sich von den Schäden zu erholen, die bereits angerichtet sind. Die tibetische Umwelt ist also ein sehr, sehr ernstes Problem.

Wir brauchen echte Selbstbestimmung. Für die Tibeter ist es wichtig, die volle Verantwortung zu tragen, die Umwelt zu schützen, die Naturschätze zu erhalten und sich um die tibetischen Arbeiter, Nomaden und Bauern zu kümmern. Den Chinesen ging es immer um möglichst schnelle Profite, ohne Rücksicht auf die Umwelt und auf den Nutzen für die Tibeter.

Darum ist es wichtig, daß die Tibeter selbst die Verantwortung für die Entwicklung des Landes übernehmen. Wir brauchen echte Selbstbestimmung, um die tibetische Kultur, Wirtschaft und Umwelt zu schützen. In anderen Bereichen, etwa in der Außenpolitik und in der Verteidigung, können wir vielleicht nicht die ganze Verantwortung tragen. Der Buddhismus ist für die Tibeter so bedeutsam geworden, daß es in den letzten zwei Jahrhunderten zu einer Art allgemeiner Demilitarisierung gekommen ist. Darum wäre es für uns aus praktischen Gründen einfacher, diese Verantwortung der chinesischen Regierung zu übertragen.

INTERVIEW MIT ROBERT THURMAN

Oben rechts: Proteste vor der chinesischen Botschaft in London.

Oben links: Ein chinesischer Soldat hißt 1986 in Tibet die chinesische Fahne.

Mitte links: "Hoffen wir auf Frieden in Tibet", Dharamsala, 1997.

Links unten: Mönche beten während einer Protestveranstaltung zur Erinnerung an den Aufstand in Tibet.

4

~

Der Dalai Lama, der Führer der Tibeter

Ich wurde von Anfang an darauf vorbereitet, nicht nur das spirituelle, sondern auch das weltliche Oberhaupt Tibets zu sein.

DER 14. DALAI LAMA

Großes Bild: ***Der Dalai Lama bei einer Konferenz von Lamas in Varanasi, Nordindien.***

Rechts: ***Der Dalai Lama formt in Bodhgaya, Nordindien, ein Kalachakra, ein Mandala aus Sand.***

Die Vorstellung, daß ein König oder eine Königin ein Land regiert, mag Europäern altmodisch vorkommen, und den Amerikanern ist sie völlig fremd. Aber der Dalai Lama ist genau das: ein Priesterkönig, sowohl der geistliche als auch der weltliche Führer seines Landes. Der derzeitige 14. Dalai Lama ist sich der Gefahr bewußt, daß seine Position zu einem Mangel an Demokratie führen könnte, und er ist bemüht, seinen politischen Einfluß zu verringern. Es ist jedoch äußerst bemerkenswert, daß die meisten Tibeter damit keineswegs einverstanden sind. Das ist allerdings auf die Geschichte und Tradition Tibets zurückzuführen, nicht auf ein mangelndes Demokratieverständnis.

Bevor die Dalai Lamas regierten, gab es in Tibet Phasen der Stabilität unter einem wohlwollenden oder ausbeuterischen Herrscher, aber auch Zeiten der Unruhe und der Machtkämpfe, und einige Male drangen die mongolischen und chinesischen Nachbarn in das Land ein.

Tibet besteht aus drei Hauptregionen und hat vier große buddhistische "Schulen". Bündnisse zwischen Lamas und mächtigen Laien waren daher unvermeidlich. Diese Gruppen übernahmen die Macht entweder ohne fremde Hilfe oder mit der Unterstützung eines ausländischen Herrschers.

Ende des 14. Jahrhunderts scharte ein brillanter Mönch namens Tsongkhapa viele Schüler um sich, und daraus entstand ein neuer buddhistischer Orden. Die neue Schule, die großen Wert auf die ethischen Aspekte des Buddhismus und die Reinheit der Lehre legte, wie der indische Lehrer Atisha im 11. Jahrhundert es gefordert hatte, wurde als Gelugpa ("tugendsamer Orden") bekannt. Sie war das Gegenstück der anderen Traditionen jener Zeit, von denen die meisten sich in die weltliche und korrupte Arena der Politik begeben hatten. Diese Wiedergeburt der buddhistischen Lehre erwies sich als dauerhaft, und die Führung der Gelugpas ging an Tsongkhapas Neffen Gendun Drup über. Er erklärte, er werde nach seinem Tod als Tibeter wiedergeboren werden, und gab Hinweise darauf, wie seine Anhänger seinen Nachfolger finden konnten.

Seine unmittelbaren Nachfolger waren Gendun Gyatso und Sonam Gyatso, die beide der Tradition treu dienten, so daß sie sich weiter ausbreitete. Den Mongolen – die sich immer für die Machtkämpfe im Nachbarland interessierten – entging der Aufstieg der Gelugpas nicht, und ihr Führer Altan Khan lud Sonam Gyatso zu sich ein. Er war sehr beeindruckt von der Lauterkeit dieses buddhistischen Meisters, verlieh ihm den Titel "Dalai Lama" und ermutigte sein eigenes Volk, zum Buddhismus überzutreten.

Dalai ist das mongolische Wort für "Ozean", *Lama* bedeutet auf tibetisch "spiritueller Lehrer", und daraus folgt die übliche, wenn auch etwas geschönte Übersetzung "Ozean der Weisheit". Der Dalai Lama gilt außerdem als Verkörperung von Chenrezig, dem Buddha des Mitgefühls, und daher auch als menschliche Form dieses spirituellen Ideals.

Der Titel "Dalai Lama" wurde rückwirkend auch Sonam Gyatsos beiden Vorgängern verliehen, und so begründete der Khan eine Tradition, die heute noch lebendig ist.

Die ununterbrochene Reihe der Dalai Lamas wird durch Reinkarnation gewährleistet, so wie die Linie anderer großer Meister, die man Tulkus nennt. Wenn der Dalai Lama stirbt, halten seine Anhänger Ausschau nach Omen und fragen Orakel, wo sie das Kind finden können, das der nächste Dalai Lama werden soll. Dieses System hat den Nachteil, daß ein Regent benötigt wird, während das Kind aufwächst. Die verheerende Folge war, daß nur der 5., der 13. und der heutige 14. Dalai Lama so lange lebten, daß sie die Regierung übernehmen konnten.

EINE NEUE REGIERUNGSFORM

Der Dalai Lama und der Kashag, das Kabinett, bildeten den Kern der tibetischen Exilregierung. Sie wurden ergänzt durch verschiedene Abteilungen, Büros und gewählte Ausschüsse. Dieses System besteht heute noch mit einigen Modifikationen. Heute ist der tibetische Jugendkongreß eine Art "loyale Opposition". Viele junge Tibeter, die im Exil geboren wurden, haben moderne und radikale Überzeugungen, die ein nützliches Gegengewicht zu denen des Kabinetts sind. Der Dalai Lama fördert die Kommunikation zwischen beiden nach Kräften. Beide zusammen führen die Staatsgeschäfte wie jede andere Regierung, obwohl nur ein oder zwei kleine Staaten sie anerkannt haben.

Die Begeisterung des Dalai Lama für die Demokratie führte 1960 zu den ersten Wahlen, kurz nachdem die Tibeter in Dharamsala angekommen waren und noch bevor die Verfassung ausgearbeitet war. Die Wahlurnen kamen den Tibetern seltsam vor – sie hatten nie zuvor gewählt.

LISTE DER 14 DALAI LAMAS

~

1	Gendun Drup	1391 - 1474
2	Gendun Gyatso	1476 - 1542
3	Sonam Gyatso	1543 - 1588
4	Yonten Gyatso	1589 - 1616
5	Ngawang Losang Gyatso	1617 - 1682
6	Tsangyang Gyatso	1683 - 1706
7	Kelsang Gyatso	1708 - 1757
8	Jampel Gyatso	1758 - 1804
9	Lungtog Gyatso	1805 - 1815
10	Tsultrim Gyatso	1816 - 1837
11	Khedrup Gyatso	1838 - 1855
12	Trinle Gyatso	1856 - 1875
13	Tubten Gyatso	1876 - 1933
14	Tenzin Gyatso	1935 -

Ganz links: **Der Dalai Lama reitet in Bodhgaya auf einem Elefanten.**

Ganz rechts: ***Der Dalai Lama und Pater Lawrence Freeman auf einer buddhistisch-christlichen Konferenz 1995 in England.***
Unten: ***Ein Gespräch mit Robert Runcie, dem früheren Erzbischof von Canterbury, 1989 in London.***

Viele Leute gehen ins Wahlzelt und flehen Seine Heiligkeit an: "Ich kenne keinen dieser Kandidaten. Bitte lassen Sie mich den Richtigen wählen, damit ich dem Dalai Lama und dem Volk helfe." Dann deuten sie mit dem Finger und fragen: "Würden Sie mir sagen, welcher Name hier steht?"

LODI GYARI, 1975

Als ein Jahr später die Verfassung verkündet wurde, war der Aufruhr groß; denn darin befand sich eine Klausel nach der eine Zweidrittelmehrheit den Dalai Lama absetzen konnte! Diese Vorkehrung des Dalai Lama für seine Regierungszeit und die seiner Nachfolger war ein demokratisches Element, das die meisten Tibeter nur schwer akzeptieren konnten. Dennoch wurde die Verfassung mit der umstrittenen Klausel verabschiedet, wenn auch erst nach intensiver Überzeugungsarbeit des Dalai Lama. Da die Tibeter an ihren Führer glauben und ihm vertrauen, ist es unwahrscheinlich, daß sie jemals daran denken werden, diese Möglichkeit zu nutzen; aber allein ihre Existenz ist für eine echte Demokratie wichtig.

EINE NEUE ROLLE IN DER WELT

Der Dalai Lama ist überall auf der Welt gefragt, weil das Interesse am tibetischen Buddhismus groß ist. Seine Beiträge auf Konferenzen über Naturwissenschaften, Ökologie und das Verhältnis der Religionen werden mit Freude aufgenommen.

Der Dalai Lama weist immer noch bei jeder Gelegenheit auf das Elend des tibetischen Volkes und auf die chinesische Besatzung hin. Das ist heutzutage eine schwierige Aufgabe für ihn. Wenn er in ein Land zurückkehrt, in dem er vor einigen Jahren darüber gesprochen hat, wie wichtig es ist, Tibet zu helfen, hat sich wenig geändert. Dieselben engagierten Menschen begrüßen ihn und versprechen erneut, ihn zu unterstützen; aber sie können ihre Regierung nicht zum konstruktiven Handeln bewegen. Sympathisanten demonstrieren, veranstalten Wohltätigkeitskonzerte und geben Informationsbriefe heraus – doch der praktische Nutzen ist gering. Gelegentlich ist eine Kampagne zugunsten eines tibetischen politischen Gefangenen erfolgreich; aber das ist nur ein Tropfen im Ozean.

Vielleicht wird die neue britische Labour-Regierung gegenüber China entschlossener auftreten, zumal sie versprochen hat, sich bei ausländischen Regierungen für die Menschenrechte einzusetzen. Daß die britische Kolonie Hongkong vor kurzem an China zurückgegeben wurde, könnte weitreichende Auswirkungen haben, vor allem weil es nur wenige Monate nach dem lang ersehnten Wahlsieg der Labour Party geschah. Präsident Clinton deutete zunächst an, er werde mit China härter umgehen – anschließend gewährte er dem Land die "Meistbegünstigungsklausel", ohne die Menschenrechte anzusprechen. Es ist offenkundig, daß die chinesische Besetzung Tibets ein politisch heikles Problem ist, für das es keine einfache Lösung gibt.

Dennoch wird der Dalai Lama nicht müde, für sein Volk einzutreten, wann immer er über Tibet spricht. Er begrüßt jeden Dialog mit den Chinesen, obwohl wenig dabei herauskommt. Es ist unverkennbar, daß die Situation ihn traurig und müde macht; trotzdem spricht er leidenschaftlich, aber gelassen und sogar humorvoll. Er inspiriert die Menschen, wo immer er sich aufhält. Wenn er über den Buddhismus spricht, eine Rede hält oder an einer Konferenz teilnimmt, erwähnt er spontan die Lage seines Volkes – sie geht ihm nie aus dem Sinn. Seine internationale Popularität erleichtert seine Rolle als Oberhaupt der Tibeter.

Ich hoffe und bete, daß die Wahrheit sich bald durchsetzt und die historischen Rechte meines Volkes wiederhergestellt werden. Dafür werde ich weiter kämpfen.

DER 14. DALAI LAMA

Der Dalai Lama ist zur Zeit ein vielbeschäftigter Mann, und darum ist er oft im Ausland, sehr zur Enttäuschung der vielen Touristen, die nach Dharamsala kommen, weil er dort seinen Sitz hat. Auch wenn er zu Hause ist, gibt es viel zu tun – er trifft sich mit Lamas, Mönchen und Regierungsmitgliedern, er gibt Interviews und widmet sich seinen spirituellen Aufgaben.

Trotz seines überfüllten Zeitplans vergißt er jedoch nie, alle Tibeter, die in Dharamsala ankommen, persönlich zu begrüßen. Nicht alle sind Flüchtlinge. Manche besuchen Angehörige und kehren dann nach Tibet zurück, weil sie dort eine Aufgabe haben oder weil sie im eigenen Land leben wollen, selbst unter chinesischer Herrschaft. Aber immer noch gehen viele ins Exil und bringen oft Berichte über Unterdrückung und Armut mit.

Es ist ein bewegender Anblick: Menschen stehen geduldig Schlange und betrachten ein wenig erstaunt diesen Ort, den sie bald "Zuhause" nennen werden. Plötzlich kommt Bewegung in die Reihe: Der Dalai Lama hat damit begonnen, die ersten Wartenden zu begrüßen; er hält ihre Hand und segnet sie. Bisweilen plaudert er kurz mit jemandem. Manche weinen, andere rufen fröhlich, wenn sie ihren geliebten Priesterkönig sehen. Das ist kein Spektakel für Touristen, und darum gehen Reisende oft weiter, weil sie das Gefühl haben, einem seltsam privaten Ereignis beizuwohnen.

Unten: Der Dalai Lama nimmt im Dezember 1989 in Stockholm den Friedensnobelpreis entgegen.

Ich versuche, alle Besucher und Neuankömmlinge aus Tibet zu begrüßen. Diese Begegnungen sind unweigerlich sehr gefühlsbetont. Die meisten sind einfache, traurige Menschen, zerlumpt und mittellos. Ich frage sie immer nach ihrem Schicksal und nach ihrer Familie. Und immer haben sie Tränen in den Augen, wenn sie antworten. Einige brechen sogar zusammen.

Der 14. Dalai Lama

Die Hoffnung, eines Tages in ein freies Tibet zurückzukehren, ist in den Träumen der Exiltibeter noch lebendig; aber sie sprechen nicht mehr so oft darüber wie früher. Obwohl sie offiziell Flüchtlinge sind, ihre Regierung nicht anerkannt ist und ihr Land nicht als unabhängig gilt, haben die Tibeter sich im Exil sehr gut zurechtgefunden, und manche von ihnen sind recht wohlhabend geworden.

Hin und wieder sind die indischen Nachbarn neidisch auf die blühenden tibetischen Dörfer. Den Tibetern ist es auch gelungen ihr kulturelles und religiöses Erbe weitgehend zu bewahren.

Das alles ist zu einem großen Teil dem Dalai Lama zu verdanken, der auf der ganzen Welt populär ist und deshalb dafür sorgen kann, daß die internationale Hilfe anhält und die Kritik an den Menschenrechtsverletzungen in Tibet nicht verstummt. Obwohl er die Exilregierung demokratisiert hat, betrachten die meisten Tibeter ihn immer noch als "Gottkönig", und ihr Glaube an ihn ist unerschüttert.

Auf der Bühne der Weltpolitik ist der Dalai Lama eine fast einzigartige Erscheinung, ein Paradebeispiel für eine Persönlichkeit, die Spiritualität mit Politik auf eine eindrucksvolle Art und Weise zu verbinden versteht.

Links: Der Dalai Lama leitet eine Zeremonie. Indien, 1980.

II. Teil

~

ein PORTRÄT *des* DALAI LAMA

5

Eine Kindheit in Tibet

Wenn ich auf die Zeit zurückblicke, als Tibet noch ein freies Land war, fühle ich, daß dies die besten Jahre meines Lebens waren.

DER 14. DALAI LAMA

Vorige Seiten: ***Eine Reihe von Chörten (heiligen Bauwerken). – Der Dalai Lama spricht zu Tibetern in Indien.***

Großes Bild: ***Der Dalai Lama im Alter von zehn Jahren, als sein Leben bereits dem Studium und der Meditation gewidmet war.***

Rechts: ***Der Lama, der 1937 die Suche nach dem 14. Dalai Lama leitete.***

Am 6. Juli 1935 wurde einer Familie im Dorf Takster in Amdo, im Nordosten von Tibet, ein Junge geboren. Die Eltern nannten ihr fünftes Kind Lhamo Thondup. Es war allem Anschein nach ein ganz normales, gesundes Baby. Seine Familie war eine von etwa zwanzig, die in diesem entlegenen Dorf als Bauern lebten. Sie waren zufrieden, und das Leben ging seinen gewohnten Gang, bis Lhamo fast drei Jahre alt war.

Eines Tages kam eine Gruppe von reisenden Händlern und bat um Tee in der Küche – ein tibetischer Brauch. Diese Leute waren in Wirklichkeit ein "Suchtrupp", der nach der neuen Inkarnation des Dalai Lama Ausschau hielt. Eine Reihe von Zeichen und Visionen nach dem Tod des 13. Dalai Lama hatte sie in diese Gegend geführt.

Kewtsang Rimpoche, ein ranghoher Lama, der die Gruppe anführte, war als Diener verkleidet und erhielt daher einen Platz in der Küche. Dort kletterte ihm ein

kleiner Junge mit einer Ungezwungenheit auf den Schoß, die für ein Kind seines Alters ungewöhnlich war.

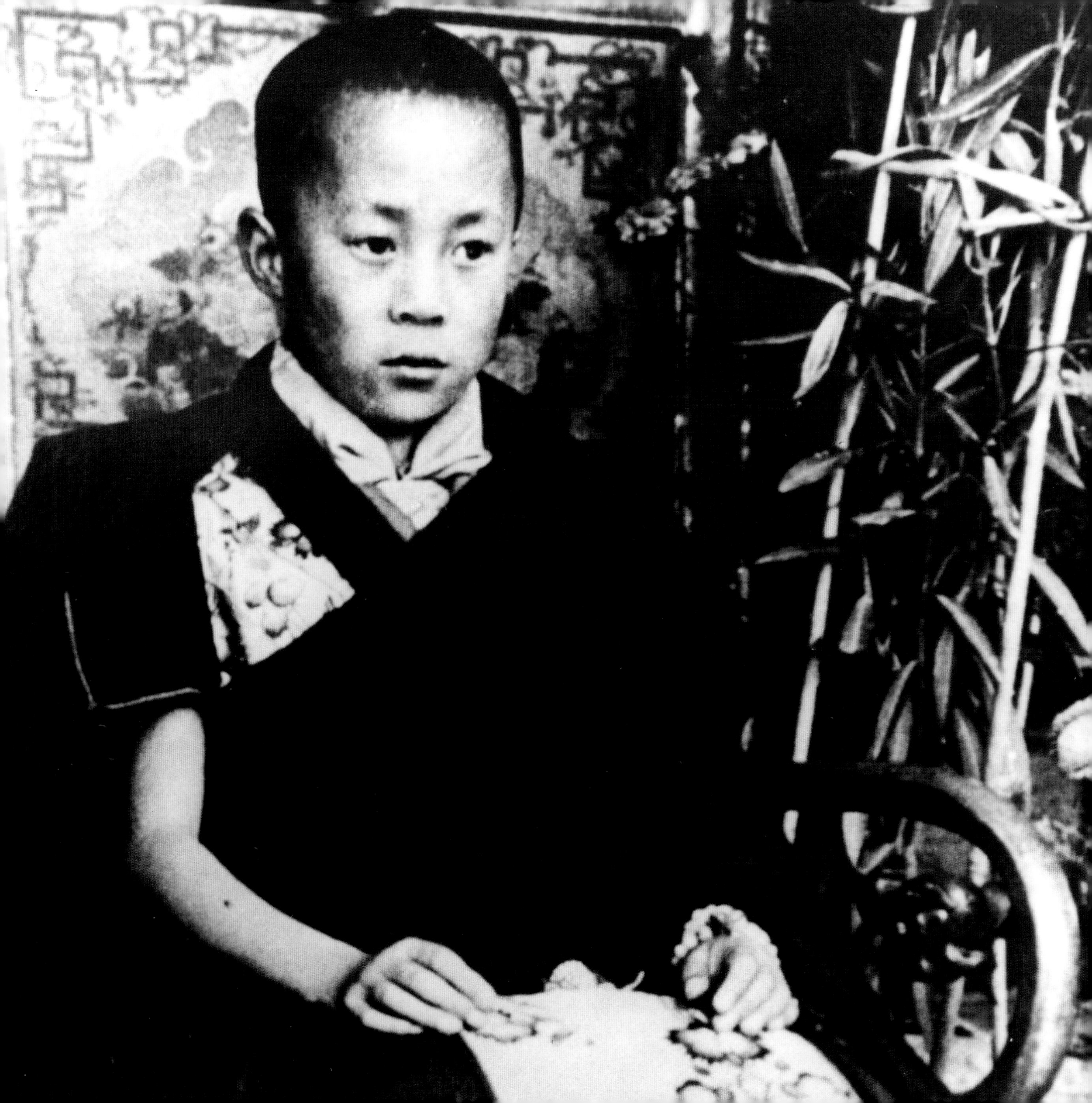

Der Knabe griff nach den Gebetsperlen, die der "Diener" um den Hals trug. Sie hatten dem 13. Dalai Lama gehört, doch das Kind sagte "Die gehören mir" und wollte sie haben. Kewtsang Rimpoche versprach Lhamo die Perlen, jedoch unter der Bedingung, daß er ihm sagte, wer der "Diener" in Wirklichkeit war. Zu seinem Erstaunen antwortete der kleine Junge, Kewtsang sei ein Lama aus dem Kloster Sera, und dabei sprach er einen Dialekt, den er nicht kennen konnte. Die Gruppe wurde eingeladen, die Nacht im Haus zu verbringen, und als die Männer weitere außergewöhnliche Zeichen an dem Knaben entdeckten, beschlossen sie, mit einer Delegation zurückzukehren und genau zu prüfen, ob Lhamo Thondup der 14. Dalai Lama war.

Wenige Tage später kamen sie mit einigen Gegenständen wieder, die Lhamo identifizieren mußte – es gelang ihm ohne Fehler. Man unterzog ihn auch einer kurzen körperlichen Untersuchung, um die acht traditionellen physischen Merkmale zu finden, die einen Dalai Lama auszeichnen, zum Beispiel große Ohren und lange Augen mit nach oben gekrümmten Brauen. Als die Abgesandten mehrere dieser Merkmale entdeckten, wußten sie, daß sie in der Tat vor dem 14. Dalai Lama standen. Sie waren erfüllt von Freude und Ehrfurcht.

Wir waren so bewegt, daß uns Tränen des Glücks in die Augen traten. Selbst das Atmen fiel uns schwer, und wir konnten weder ordentlich auf der Matte sitzen noch sprechen.

SONAM WANGDU

Als die Neuigkeit bekannt wurde, beschloß der örtliche Regent, ein Moslem namens Ma Bufeng, die Situation auszunutzen. Er weigerte sich, den neuen Dalai Lama ohne Lösegeld freizugeben. Es dauerte einige Zeit, bis die recht hohe Summe beisammen war; darum wurde der Knabe nach einigen Wochen ins Kloster Kumbum geschickt. Es war üblich, daß die Klöster schon Kinder als Mönche aufnahmen, damit sie sich früh an das Klosterleben gewöhnten; aber die ersten Wochen waren schwer, weil die Knaben natürlich ihre Eltern vermißten.

Der Dalai Lama war keine Ausnahme, und er erinnert sich, daß dies im wesentlichen eine unglückliche Zeit für ihn war. Ein älterer Bruder, Lobsang Samten, befand sich bereits im Kloster und kümmerte sich gut um ihn, ob-

Links: ***Der im Alter von fünf Jahren feierlich eingesetzte Dalai Lama.***

Großes Bild: ***Mönche versammeln sich in einem Hof des Klosters Kumbum in Amdo.***

Links: ***Die Familie des 14. Dalai Lama 1946 im Dekyi Lingka.***

wohl er selbst erst sechs Jahre alt war. Das war ein großer Trost. Der Lehrer des Bruders, ein gütiger alter Mönch, hüllte den Kleinen in seine Kutte, wenn er sich besonders einsam fühlte. Er verstand nicht ganz, was es bedeutete, Dalai Lama zu sein, und die Monate des Wartens auf das Lösegeld schienen endlos zu sein.

Oben: ***Die Ankunft des neuen Dalai Lama in Lhasa am 10. Oktober 1939.***

Etwa achtzehn Monate später, als das Lösegeld bezahlt war, aber noch bevor der Regent offiziell bestätigt hatte, daß der vierjährige Knabe tatsächlich der Dalai Lama war, machte Lhamo die weite Reise nach Lhasa in sein neues Leben. Er war glücklich, wieder mit den Eltern vereint zu sein und freute sich auf die Reise. Heute noch erinnert sich der Dalai Lama daran, daß die folgenden drei Monate voller Wunder war. Jeden Tag entfaltete sich die herrliche Landschaft von neuem vor seinen Augen. Er sah Herden wilder Esel, Hirsche und Yaks, die plötzlich auftauchten und über die weite Ebene liefen. Die Erinnerung ist aber auch mit Trauer vermischt, weil diese Geschöpfe heute fast ausgerottet sind. Der Junge zankte sich oft mit seinem Bruder, wie die meisten Kinder es tun.

Als es Frühling wurde, kam die Abordnung vor den Stadttoren an und wurde in einem zeremoniellen Zelt willkommen geheißen. Das Zelt war umringt von einer riesigen Menschenmenge, und alle drängten nach vorne, um einen Blick auf den neuen Dalai Lama zu erhaschen. Drinnen saß der Knabe auf einem Thron und wurde nach einer tagelangen Zeremonie zum spirituellen Führer seines Volkes ausgerufen. Sein Hofstaat versammelte sich im Norbulingka, der normalerweise als Sommerresidenz diente. Aber der Regent wollte erst ein Jahr warten, bevor er den Knaben im Potala inthronisierte. So wurde der weniger förmliche und angenehmere Sommerpalast im letzten Jahr einer sorglosen Kindheit zum Heim des jungen Dalai Lama.

DIE ERSTEN JAHRE IN LHASA

Im folgenden Winter, als Lhamo fünf Jahre alt war, brachte man ihn in den Potala und setzte ihn offiziell als Dalai Lama ein. Danach ging er in den Jokhang-Tempel, um ordiniert zu werden. Nachdem der Regent die traditionelle Zeremonie des Haareschneidens beendet hatte, schor man dem Knaben den Kopf und kleidete ihn in die kastanienbraune Kutte eines Mönchs. Außerdem bekam er neue Namen, darunter auch, wie es Brauch war, einige Namen des Regenten. Den Namen Tenzin Gyatso trägt er ebenfalls seit diesem Tag.

Kurze Zeit später begann seine Ausbildung, an der anfangs auch sein Bruder Lobsang Samten teilnahm, der jedoch in die Schule geschickt wurde, als Tenzin Gyatso acht war. Danach waren seine Gefährten hauptsächlich

Links: Ein Pilger vor dem Denkmal bei dem Dorf Takster, in dem der Dalai Lama geboren wurde.

erwachsene Männer, das Reinigungs- und Küchenpersonal sowie die hohen Lamas, die ihn unterrichteten. Der höchste Lehrer, Reting Rimpoche, wurde nach Korruptionsvorwürfen aus seinem Amt entfernt, als der Dalai Lama noch recht jung war. Trotz seiner Jugend und Unerfahrenheit fragte man ihn, wen er sich als neuen höchsten Lehrer wünsche. Er schlug den untergeordneten Lehrer Ling Rimpoche vor, und dieser Wunsch wurde ihm erfüllt. So lernte der Dalai Lama auch, Autorität auszuüben und Verantwortung zu tragen.

Kyabje Trijang Rimpoche, ein ehemaliger Lehrer des Dalai Lama, im Jahr 1978.

Rechts: Ein tibetischer Lehrer mit seinem Schüler.

An einem normalen Tag stand der junge Dalai Lama gewöhnlich um sechs Uhr auf und betete und meditierte eine Stunde. Vor dem ersten Unterrichtsabschnitt bekam er ein Frühstück, das aus Tee, Tsampa und Honig bestand. Der Unterricht – Lesen, Schreiben und Auswendiglernen von religiösen Texten – dauerte bis zehn Uhr; dann nahm er an den Sitzungen der Regierung teil. Das war eine formelle Angelegenheit, bei der man dem Dalai Lama alle ihm gebührenden Ehren erwies, obwohl er in den ersten Jahren nur ein Kind war. Auf diese Weise lernte er die Regierungsgeschäfte kennen und wuchs in seine Rolle als Staatsoberhaupt hinein.

Ein weiterer Unterrichtsabschnitt folgte. Nun rezitierte er die Texte, die er gelernt hatte, und Trijang Rimpoche, einer seiner Lehrer, führte ihn in den Text des nächsten Tages ein. Vor dem Mittagessen durfte er spielen, was ihm, wie jedem Kind, am meisten Spaß machte. Ausländische Gäste brachten ihm Spielsachen mit, zum Beispiel Züge zum aufziehen und Baukästen, mit denen

man Autos, Kräne und ähnliche Dinge konstruieren konnte. Er erhielt auch Zinnsoldaten, mit denen er gerne spielte, die er jedoch als Teenager einschmolz und zu Mönchen umgoß. Er liebte es, auf dem glatten Fußböden zu schlittern, und an einem Hüpfspiel teilzunehmen, das zwar verboten, aber sehr beliebt war.

Nach dem Essen ging der Unterricht weiter. Der Dalai Lama erinnert sich, daß die Sonne den Raum etwa um diese Zeit nicht mehr erreichte und daß er in der düsteren Atmosphäre ein wenig die Lust am Lernen verlor. Aber er war ein ausgezeichneter Schüler und lernte schnell.

Der Unterricht umfaßte insgesamt fünf Haupt- und fünf Nebenfächer. Am wichtigsten war die buddhistische Philosophie, die in weitere Abschnitte aufgeteilt war.

Die Dialektik in Form von Streitgesprächen ist eine Grundlage des tibetischen Buddhismus. Zwei Mönche stellen einander abwechselnd Fragen über die tiefere philosophische Bedeutung eines Textes, und dabei schlagen sie mit der rechten Hand – um deren Gelenk eine Gebetsschnur gewickelt ist – auf die linke und stampfen gleichzeitig mit dem linken Fuß auf den Boden. Der antwortende Mönch versucht, trotz dieser rituellen Gesten ruhig und konzentriert zu bleiben und legt dann seinen Standpunkt dar.

Oben: Ling Rimpoche, der höchste Lehrer des 14. Dalai Lama.

Als der Dalai Lama zwölf Jahre alt war, begann er mit zwei berühmten Experten, sich in dieser Kunst zu üben.

Der Unterricht endete gegen halb sechs nachmittags; dann folgten ein paar freie Stunden bis zum Abendessen. Er erinnert sich noch, daß er dann mit seinem Teleskop hinaus aufs Dach des Palastes eilte und von dort aus die Insassen des tiefer gelegenen Staatsgefängnisses beobachtete.

> *Ich betrachtete sie als meine Freunde und beobachtete ihre Bewegungen genau. Sie wußten es, und wenn sie mich erblickten, warfen sie sich demütig zu Boden. Ich kannte sie alle und wußte immer, ob jemand entlassen oder neu aufgenommen worden war.*
>
> Der 14. Dalai Lama

Dem Abendessen – Tee, Suppe, manchmal etwas Fleisch, Yoghurt und Brot – folgte ein Spaziergang in der Dämmerung, wobei man aus den Schriften rezitiere und Gebete sprach. Aber es wurden auch Geschichten erzählt, und diese waren dem jungen Dalai Lama entschieden lieber.

Unten: Lhamo Thondup im Alter von drei Jahren. Damals war er bereits als 14. Dalai Lama identifiziert.

Anschließend ging er schlafen, und zwar im selben Zimmer, das der 5. Dalai Lama benutzt hatte und das seitdem kaum verändert worden war. Mäuse nisteten im uralten Bettzeug und fraßen das tägliche Speiseopfer auf dem Altar. Der Raum war muffig, kalt und schwach beleuchtet. Der Dalai Lama kuschelte sich in eine mit Kissen gefüllte und in Tücher eingewickelte Holzkiste, die ihm als Bett diente, und während er einschlief, piepsten die Mäuse und die Luft war mit Weihrauch und dem Duft der Butterlampen erfüllt.

DIE JUGEND

Dieser Tagesablauf änderte sich nur, wenn Feste gefeiert wurden oder wenn der Dalai Lama einige Tage intensiv meditierte und betete. Dennoch hatte er Zeit für Hobbys und im Winter für Entdeckungsreisen im Potala, dessen Räume ein wahres Labyrinth waren. Er fand einen alten Projektor, und da er eine Schwäche für mechanische Dinge hatte, lernte er schnell, ihn zu benutzen. Es machte ihm Freude, Uhren auseinanderzunehmen und wieder zusammenzusetzen. Nur beim erstenmal öffnete er die Rückseite einer Uhr, und das gesamte Uhrwerk sprang heraus und verteilte sich auf dem Fußboden.

Zu seinem Entzücken entdeckte er auch drei Automobile, die seine Vorgänger gekauft hatten. Der Fahrer des 13. Dalai Lama half ihm, eines der Fahrzeuge in Gang zu setzen. Eines Tages konnte er der Versuchung nicht widerstehen und fuhr im Park des Norbulingka spazieren. Da er jedoch nie fahren gelernt hatte, streifte er einen Baum und kehrte beschämt in die Garage zurück. Einen zerbrochenen Scheinwerfer reparierte er mit Klebstreifen und Farbe.

Gelegentlich kamen seine Mutter und seine ältere Schwester, Tsering Dolma, zu Besuch und brachten ihm selbstgebackenes Brot mit, das er liebte. Die Familie lebte in einem Haus auf dem Gelände des Norbulingka, und manchmal schlich er sich hinaus und besuchte sie, obwohl das offiziell verboten war. Dann bekam er weitere Leckerbissen, zum Beispiel getrocknete Fleischstreifen, die man in Chilisoße tauchte. Der Dalai Lama erinnert sich daran, daß ihn das steife Protokoll mitunter bedrückte, und sobald er dazu in der Lage war, förderte er die Ungezwungenheit in seiner Umgebung. Diese Angewohnheit hat er bis heute beibehalten.

Er freundete sich mit dem Österreicher Heinrich Harrer an, der aus einem britischen Gefangenenlager in

Links: Gebetsfahnen über einem Schutthaufen in Zentraltibet. Vielleicht handelt es sich um einen zerstörten Sakralbau.

Indien nach Lhasa geflohen war. Sein neuer Gefährte erzählte ihm viel über die große Welt und schrieb später ein Buch mit dem Titel *Sieben Jahre in Tibet* über seine Zeit mit dem jungen Dalai Lama. Harrer half ihm, englisch zu lernen und Geräte zu reparieren, die aus der Zeit des 13. Dalai Lama stammten.

Im Jahr 1947, als der Dalai Lama zwölf Jahre alt war, wurde er zum erstenmal Zeuge einer politischen Intrige. Reting Rimpoche, der abgesetzte Regent, wagte einen bewaffneten Umsturzversuch, bei dem viele seiner Anhänger starben. Als der Dalai Lama die Schüsse hörte, war er zunächst aufgeregt; doch dann wurde ihm klar, das dabei Menschen starben. Kurze Zeit später kam Reting unter ungeklärten Umständen im Gefängnis ums Leben. Verstärkte Sicherheitsvorkehrungen, vor allem bei seinem ersten öffentlichen Auftreten im Kloster Drepung einige Zeit nach dem Aufstand, sorgten dafür, daß der Dalai Lama diese Lektion über die tragischen Folgen von Machtkämpfen nie vergaß.

Das war die Welt des jungen Dalai Lama, und sie blieb weitgehend friedlich, bis er fünfzehn war. Im Oktober 1950 begann jedoch die chinesische Invasion, und die Zeit der Unschuld war vorbei, als 80 000 Soldaten in Chambo einmarschierten und mit der "friedlichen Befreiung" Tibets Ernst machten. Von da an bis zu seiner Flucht im März 1959 mußte der kindliche Mönch zum Führer eines besetzten Landes und eines schrecklich leidenden Volkes heranreifen.

6

Ein neues Leben in Indien

Heute bin ich entschieden glücklich. Aber das Leben, das ich jetzt führe, unterscheidet sich sehr von dem, für das ich erzogen wurde.

DER 14. DALAI LAMA

Fast ein Jahrzehnt lang – von 1950 bis 1959 – versuchte der Dalai Lama, mit den Chinesen zu verhandeln, die nach ihrer erfolgreichen Invasion im September 1950 die Macht im Land ausübten. Da die chinesische Regierung wußte, daß sie von einer Zusammenarbeit mit dem Dalai Lama profitieren konnte, räumte sie ihm und seiner Regierung eine Schlüsselrolle ein und teilte die Macht mit ihm.

In Wirklichkeit war das kaum mehr als eine Fassade; dennoch war der Dalai Lama imstande, den unvermeidlichen Wandel zu verzögern. Als die traditionelle Lebensweise allmählich untergraben wurde, verschlechterte sich jedoch die Lage. Die Chinesen griffen vor allem in das religiöse Leben ein, das den Tibetern so wichtig war, offensichtlich mit dem Ziel, die Bedeutung der Religion im Alltag zu verringern. Der Dalai Lama war ständig um Mäßigung bemüht; aber er war für die Chinesen ein kranker Zahn, der eines Tages gezogen werden mußte.

Links: ***Der Dalai Lama mit seinem jüngeren Bruder auf der Flucht aus Tibet.***

Großes Bild: ***Tibetische Flüchtlinge, die 1997 neu im Auffanglager Katmandu ankamen.***

Im Frühling 1959 waren die Tibeter der Meinung, sie hätten sich von den unerwünschten Eindringlingen genug gefallen lassen, und sie warteten nur auf einen Vorwand, um ihre aufgestaute Wut auszutoben. Kurz nachdem der Dalai Lama den Geshe-Titel in buddhistischer Philosophie erhalten hatte (etwa dem Dr. phil. vergleichbar), nutzte General Chiang Chin-wu den traditionellen Neujahrsempfang, um den Dalai Lama zur Vorführung einer chinesischen Tanzgruppe einzuladen, die eben in Lhasa eingetroffen war. Er schlug das Militärhauptquartier als Veranstaltungsort vor, weil es dort eine geeignete Bühne mit Beleuchtung gebe.

Lediglich die "besonderen" Sicherheitsvorkehrungen der Chinesen erweckten Verdacht. Der General wollte, daß der Dalai Lama allein oder mit ein- bis zweihundert unbewaffneten Leibwächtern kam, damit sein Besuch geheim bleibe. Das war eine groteske Idee, da die Tibeter aus Sicherheitsgründen Wert darauf legten, daß viele Leute jederzeit wußten, wo der Dalai Lama sich aufhielt. Als die Nachricht von der Einladung sich verbreitete, vermuteten die Tibeter darin ein Komplott: Die Chinesen wollten den Dalai Lama gefangennehmen oder gar ermorden.

Unten: Der Dalai Lama beim Nechung-Orakel. Helfer stützen das Trancemedium.

Menschen strömten am Norbulingka zusammen, und mit der Menge wuchs auch die antichinesische Stimmung. Es kam zu einem Treffen zwischen hohen chinesischen und tibetischen Beamten, bei dem die wütenden Chinesen den Tibetern vorwarfen, die Situation anzuheizen, und mit schrecklichen Folgen drohten. Sie schlugen vor, der Dalai Lama solle sich zu seiner eigenen Sicherheit ins Militärhauptquartier begeben, und deuteten an, sie würden das Feuer auf die Menge eröffnen. Dem Dalai Lama gelang es jedoch, sie vorübergehend davon abzubringen.

Die Situation war nun so verzweifelt, daß der Dalai Lama das Nechung-Orakel befragte. Bisher hatte das Orakel ihm geraten, in Lhasa zu bleiben. Als Dorje Drakden jedoch diesmal den Körper des Mediums übernahm, waren seine Worte drängend:

> *Zu meinem Erstaunen schrie er: "Geh! Geh! Heute nacht!" Das Medium, immer noch in Trance, taumelte vorwärts, griff nach Feder und Papier und schrieb recht klar auf, wie ich aus dem Norbulingka fliehen und das letzte tibetische Dorf vor der indischen Grenze erreichen konnte. Seine Empfehlungen entsprachen nicht unseren Erwartungen.*
>
> DER 14. DALAI LAMA

Der Dalai Lama entschloß sich, auch das Mo zu befragen, um den Rat des Orakels zu bestätigen; denn die Chance für eine erfolgreiche Flucht wurde nunmehr rasch geringer. Außerdem mußte er die vielleicht wichtigste Entscheidung seines Leben treffen. Das Mo stimmte dem Orakel zu, und der Fluchtplan wurde sofort in die Tat umgesetzt. Eine Gruppe, die aus den engsten Beratern des Dalai Lama und seinen Angehörigen bestand, bereitete sich darauf vor, noch in dieser Nacht zu fliehen. Sie trafen sich insgeheim mit den Anführern der Menge vor dem Palast, und diese versprachen, bei der nächtlichen Flucht zu helfen; denn in der Menge befanden sich Spione. Hastig improvisierte man Verkleidungen und packte Reiseproviant ein; fast alles andere mußte man zurücklassen.

Vor der Abreise ging der Dalai Lama zum Schrein des Mahakala, seiner persönlichen Schutzgottheit, um zu beten. Einige Mönche zelebrierten dort bereits eine Puja (ein religiöses Ritual) und sprachen Gebete. Er las einen Abschnitt aus den Schriften, in dem der Buddha Mut und Selbstvertrauen fordert, und meditierte eine Weile schweigend.

> *Ich trat vor und überreichte dem Gott eine Kata, ein Stück weiße Seide. Das ist der traditionelle tibetische Abschiedsgruß, der nicht nur Versöhnung bedeutet, sondern auch die Absicht wiederzukommen.*
>
> DER 14. DALAI LAMA

Dann nahm er einen alten Thanka, der Palden Lhamo, die Schutzgöttin Tibets, darstellte und dem 2. Dalai Lama gehört hatte, und ging.

FLUCHT NACH INDIEN

Mit einer ungewohnten Hose und einem Mantel bekleidet, traf der Dalai Lama sich mit ähnlich aufgemachten Beamten an einem Tor des Palastes. Unter dem Vorwand, eine Routineüberprüfung vorzunehmen, bahnten sie sich einen Weg durch die Menge zum Fluß Kyichu. Dort warteten Männer in Booten auf sie und brachten sie ans andere Ufer. Der Dalai Lama befürchtete, der Lärm der Ruder werde entweder chinesischen Soldaten auffallen oder Gewehrfeuer auf sie lenken. Auf der anderen Seite wurde er von seiner Familie und seinem Gefolge erwartet und den berittenen Freiheitskämpfern vorgestellt, die ihn eskortieren würden.

Oben: Der Dalai Lama (auf dem weißen Pferd) überquert den Himalaya auf dem Weg nach Indien ins Exil.

In der ersten Nacht war die Gefahr, von den Chinesen entdeckt zu werden, am größten; darum ritten die Flüchtlinge fast ohne Pause bis zum Tagesanbruch. Als das Schlimmste überstanden war, bemerkte der Dalai Lama erst, was für ein bunter Haufen die Gruppe war.

> *Da das Kloster, das die Tiere beschafft hatte, erst spät unterrichtet worden war und da es dunkel gewesen war, hatte man den besten Tieren die schlechtesten Sättel gegeben ... Einige der ältesten und klapprigsten Tiere trugen das schönste Zaumzeug und die höchsten Beamten!*

Der Dalai Lama hatte ursprünglich beabsichtigt, in Tibet zu bleiben und mit den Chinesen aus sicherer Entfernung zu verhandeln. Während der Flucht erhielt er jedoch die Nachricht, daß der Palast angegriffen worden war und daß es bei Kämpfen Tausende von Toten gegeben habe. Am 24. März hörte er in einem Kurzwellenradio, wie Tschou En-lai die Auflösung der tibetischen Regierung bekanntgab. Freiheitskämpfer brachten die Nachricht, die Chinesen versuchten, die Grenzen zu schließen und seine Flucht zu verhindern. Er kam daher zu dem traurigen Schluß, daß Verhandlungen nicht mehr möglich waren.

Unten: Der Dalai Lama reitet auf einem tibetischen Dzomo, einem weiblichen Yak, wie bei seiner Flucht aus Tibet.

Die Reise war lang und mühsam. Sie führte über das schwierigste Gelände Tibets, das noch vom Schnee des Winters bedeckt war. Nach einer Nacht in einem undichten Zelt in der Nähe der Grenze erkrankte der Dalai Lama an Dysenterie, und die Gruppe rastete einen Tag bei Mangmang. Als sie jedoch erfuhr, daß chinesische Soldaten im Anmarsch waren, beschloß sie, trotz der Erkrankung des Dalai Lama die Grenze zu überqueren. Ein Vorauskommando war bereits in Indien eingetroffen und hatte um Asyl gebeten, das ihnen gewährt wurde.

> *Ich hatte die schwere Aufgabe, mich von den Soldaten und Freiheitskämpfern zu verabschieden, die mich von Lhasa zur Grenze begleitet hatten und nun den Chinesen entgegentreten wollten. Nach dem tränenreichen Abschied half man mir auf den breiten Rücken eines Dzomos [eine weibliche Hybride aus einem Yakbullen und einer Kuh], da ich noch zu krank war, um auf einem Pferd zu reiten. Mit diesem bescheidenen Transportmittel verließ ich meine Heimat.*
>
> DER 14. DALAI LAMA

Am 31. März 1959 gegen vier Uhr nachmittags stieg der Dalai Lama ab, ging über eine Lichtung ins Niemandsland und wurde von einem Gurhka-Kommandanten begrüßt, der ihm einen traditionellen weißen Schal reichte. Er nahm den Schal entgegen und schritt über die Grenze ins Exil.

EIN NEUES LEBEN

Fast vierzig Jahre später lebt der Dalai Lama immer noch im Exil, nur wenige Tagesreisen von dem Ort seiner Ankunft in Indien entfernt. McLeod Ganj in Himachal Pradesch ist nun seine Heimat und die einer Gemeinde von Tibetern, die ebenfalls die lange Reise in die Freiheit gewagt haben.

Heute strömen Touristen nach McLeod Ganj, angelockt von ihrem Interesse am tibetischen Buddhismus, an der tibetischen Kultur und vor allem am Dalai Lama, dem berühmtesten Einwohner dieser Kleinstadt. Als der Dalai Lama in Indien angekommen war, hatte er nicht die Absicht gehabt, sich hier niederzulassen und so lange zu bleiben.

Im Laufe der Jahre wurde jedoch klar, daß keine Aussicht auf eine schnelle Rückkehr nach Tibet bestand, obwohl der Dalai Lama sich immer wieder um Gespräche mit den Chinesen bemühte. Also paßte er sich seinem neuen Leben an, das sich sehr von dem seiner Vorgänger unterscheidet, die im alten Tibet regierten. Im Gegensatz zu seinen Vorfahren ist er oft auf Reisen und besucht viele Länder, deren tibetische und buddhistische Organisationen ihn einladen.

EIN EINFACHER BUDDHISTER MÖNCH

Als buddhistischer Mönch gilt meine Sorge allen Mitgliedern der menschlichen Familie und allen leidenden, empfindenden Wesen.

DER 14. DALAI LAMA

Der Dalai Lama hat oft erklärt, er sei ein einfacher buddhistischer Mönch, und wenn er nicht bei hochgestellten Persönlichkeiten zu Gast ist und sich nicht mit Regierungsgeschäften befaßt, ist dies die Rolle, in die er am liebsten schlüpft. Er versucht, wenigstens fünfeinhalb Stunden am Tag zu meditieren, zu beten und in den Schriften zu lesen, ohne daß dieser Teil seines Lebens sich von den übrigen trennen ließe. Beim Essen studiert er beispielsweise oft religiöse Texte, und in den buddhistischen Schriften sind Gebete enthalten, die zu den meisten Aktivitäten des täglichen Lebens passen. Da der Dalai Lama viel Zeit auf Reisen verbringt, betet er auch oft.

Links: Der Dalai Lama kommt nach seiner Flucht aus Tibet 1959 in Indien an.

Dafür habe ich drei Gründe: Erstens trägt es zur Erfüllung meiner täglichen Pflichten bei, zweitens hilft es mir, die Zeit sinnvoll zu nutzen, und drittens vertreibt es die Furcht!

DER 14. DALAI LAMA

An einem gewöhnlichen Tag steht der Dalai Lama gegen vier Uhr auf und rezitiert Mantras. Er trinkt nicht zuerst Tee – obwohl dies ein typisch tibetischer Brauch ist, dem viele andere Mönche frönen –, sondern nimmt eine tibetische Medizin mit heißem Wasser zu sich. Dann folgen spirituelle Übungen, wobei er sich auch zu Boden wirft. Daraus entsteht bisweilen das Mißverständnis, er huldige Götzenbildern; in Wahrheit geht es ihm darum, vor einer Buddhastatue seine eigene Buddha-Natur zu entwickeln. Außerdem, verrät der Dalai Lama, seien diese Übungen eine gute Gymnastik!

Anschließend geht der Dalai Lama meist in der Morgendämmerung spazieren, spricht Gebete und lauscht den Gesängen der Vögel. Er liebt es, Vögel zu beobachten, und hat einen Futterplatz am Fenster eines seiner Räume eingerichtet. Beim Frühstück hört er manchmal die Nachrichten der BBC oder liest einen religiösen Text, bevor er einige Stunden meditiert. Danach studiert er bis zum Mittagessen buddhistische Philosophie.

Der Nachmittag ist mit Regierungsgeschäften, Audienzen, Interviews und anderen offiziellen Aufgaben

Rechts: ***Zwei Männer überqueren den Kyichu bei Lhasa in einem Boot aus Yakfell.***

Ganz rechts: ***Eine Fotomontage mit dem Gesicht des jungen Dalai Lama auf einem Gemälde, 1958.***

ausgefüllt. Das Abendessen wird um sechs Uhr serviert. Anschließend sieht er mitunter ein wenig fern oder liest eine Zeitung, bevor er den Tag mit weiteren Gebeten und Meditation beschließt. Etwa um neun Uhr zieht er sich zurück und schläft, wie er berichtet, meist schnell und tief ein. Obwohl diese gewöhnlichen Tage immer seltener werden, freut er sich über das wachsende Interesse am tibetischen Buddhismus. Man braucht nur an einer Belehrung des Dalai Lama teilzunehmen, um zu erkennen, wie sehr er es genießt, sein profundes Wissen über den Buddhismus weiterzugeben.

Auch die Wissenschaft fasziniert den Dalai Lama. Er hat mit führenden Wissenschaftlern gesprochen und an mehreren Konferenzen teilgenommen, bei denen es um die enge Verbindung zwischen Spiritualität und Wissenschaft ging. Seiner Meinung nach sind diese Zusammenhänge wichtig, wenn wir unsere Welt wirklich verstehen wollen, und er meint, dieses Verständnis werde die Achtung vor der Natur vergrößern. Er spricht oft über die empfindliche Ökologie unseres Planeten. Außerdem fördert er wissenschaftliche Studien über die Veränderung der Gehirnwellen in der tiefen Meditation.

Einige Wochen im Jahr bricht der Dalai Lama aus seiner Routine aus und zieht sich zum Meditieren zurück. Das, so sagt er, würde er am liebsten drei Jahre lang tun; aber ihm ist klar, daß dies angesichts seines Zeitplans äußerst schwierig wäre. Während dieser drei Wochen verbringt er bis zu zwölf Stunden täglich mit spirituellen Übungen. Aber die eigentliche Aufgabe eines "einfachen Mönchs" ist es, anderen zu helfen, damit sie das Leiden überwinden und glücklich werden. Durch seine öffentlichen Vorträge und Gespräche greift er tief in das Leben vieler Menschen auf der ganzen Welt ein. Er weiht sie in die uralte spirituelle Philosophie ein, die es allen ermöglicht, das Glück zu finden.

Ein Mann des Friedens

Am zehnten Dezember 1989 wurde dem Dalai Lama der Friedensnobelpreis verliehen. Am gleichen Tag hatten die Vereinten Nationen ihre Menschenrechtserklärung verabschiedet. Die folgenden Auszüge und Kommentare sind Ansprachen und Interviews während und nach der Zeremonie entnommen.

Sie werden heute überall auf der Welt als einer der bedeutendsten Fürsprecher der Menschenrechte, der eigentlichen Grundlage eines echten, gerechten und dauerhaften Friedens, anerkannt. Was könnte angemessener sein, als dies hier und heute mit Ihnen zu feiern und Ihnen den Friedenspreis zu überreichen?

EGIL AARVIK,
VORSITZENDER DES NOBELKOMITEES

Ich bin ein einfacher buddhistischer Mönch aus Tibet, einer, der aus tiefer Überzeugung den spirituellen Weg geht, vor allen den edlen Weg des Buddha, dessen Essenz die kunstvolle Vereinigung des universellen Mitgefühls mit Weisheit ist. Außerdem bin ich ein Mensch, der infolge des natürlichen Verlaufes der Dinge mit dem Schicksal Tibets, seines Volkes und seiner Kultur verbunden ist und der all seine Energie dafür aufwendet, dieser Verantwortung gerecht zu werden. Daß einem solchen Menschen der Friedensnobelpreis verliehen wird, ist in der Tat eine große Ehre. Ich empfinde große Freude und Stolz. Und ich bin sicher, daß diese Preisverleihung für Menschen auf der ganzen Welt, die aufrichtig an den Weltfrieden und an wahre Harmonie glauben und danach streben, ebenfalls eine Quelle der Freude ist.

Darum möchte ich Ihnen allen von Herzen danken. Dieser Preis zeigt, daß der gerechte Kampf des tibetischen Volkes für Freiheit und Selbstbestimmung weltweit anerkannt und unterstützt wird … Ich hoffe auf einen dauerhaften Frieden auf unserem Planeten und bete jeden Tag dafür. Für dieses Ziel möchte ich hart arbeiten, damit die Menschen auf der ganzen Welt eines Tages einander lieben und helfen und in echter Harmonie miteinander leben.

DER 14. DALAI LAMA

Ich bin so glücklich. Ich bin nach Oslo gekommen, um dabei zu sein, wenn er ihn bekommt. Das ist ein herrlicher Tag für Seine Heiligkeit, für das tibetische Volk und vor allem für den Frieden auf dieser Welt.

CHARLES ROSE, AMERIKANISCHER ABGEORDNETER

Meiner Meinung nach ist der Dalai Lama einer der sehr wenigen männlichen Führer, die sanft und auch feministisch denken und für Ökologie und Dezentralisierung eintreten. So denken nur sehr wenige

Unten: Der Dalai Lama grüßt indische Gäste, 1989.

auf dieser Welt. Darum verschließen sich die Türen vor ihm: Materialistische Menschen verstehen seine Sprache und seine Spiritualität nicht, und auch die chinesische Regierung versteht ihn nicht, weil ihre materialistische Denkweise mit seiner Spiritualität nicht zurechtkommt. Ich glaube, niemand ist so politisch wie der Dalai Lama und niemandem gelingt es wie ihm, den Menschen klarzumachen, daß Gewaltlosigkeit im Atomzeitalter die einzige Lösung ist.

PETRA KELLY, BUNDESTAGSABGEORDNETE

Ich war sehr froh darüber. Ich glaube, das ermutigt die Tibeter in ihrem Kampf für die Menschenrechte und die Freiheit; es ist ein großer Erfolg für den Dalai Lama und eine große Ermutigung für jene, denen die Rechte und die Würde aller Menschen am Herzen liegen.

HARALD ELEFSEN,
NORWEGISCHER ABGEORDNETER

Das Komitee möchte vor allem darauf hinweisen, daß der Dalai Lama in seinem Kampf für die Befreiung Tibets die Anwendung von Gewalt stets abgelehnt hat. Statt dessen tritt er für friedliche Lösungen auf der Grundlage der Toleranz und des gegenseitigen Respekts ein, um das historische und kulturelle Erbe seines Volkes zu bewahren. Das Komitee ist der Ansicht, daß der Dalai Lama konstruktive und weitblickende Vorschläge für die Lösung internationaler Konflikte, von Menschenrechtsproblemen und von globalen Umweltproblemen gemacht hat.

NORWEGISCHES NOBELKOMITEE,
DEZEMBER 1989

Links:
Kalachakra-Segen für den Weltfrieden in Jispa, Nordindien, 1994.

Kaum hatte ich von diesem Preis gehört, war mein erster Gedanke: Ich will etwas für die Menschen auf diesem Planeten tun, die hungern müssen. Darum möchte ich einen Teil dieses Geldes Projekten stiften, die gegen den Hunger kämpfen. Zweitens gibt es in Indien einige Organisationen, die sich um Leprakranke kümmern, und ich habe einige Male kleine Beiträge geleistet. Auch jetzt möchte ich etwas Geld dafür geben.

Außerdem möchte ich einer jener Institutionen helfen, die sich für den Weltfrieden einsetzen. Ein weiterer Teil wird an eine tibetische Einrichtung gehen; etwas Geld möchte ich vor allem für die Ausbildung verwenden. Dann möchte ich eine tibetische Stiftung für weltweite Verantwortung gründen. Das sind meine Ziele.

DER 14. DALAI LAMA

7

Der Dalai Lama – eine weltbekannte Persönlichkeit

Bisher habe ich nur Bestätigungen für meine Überzeugungen gefunden, daß die Menschen trotz einiger oberflächlicher Unterschiede im Grunde überall gleich sind.

DER 14. DALAI LAMA

Großes Bild: ***Der Dalai Lama bei der Kalachakra-Initiation, die er 1995 in der Mongolei abhielt. Es war sein erster Besuch dort seit dem Zerfall der Sowjetunion.***

Rechts: ***Der Dalai Lama begrüßt Teilnehmer an der Audienz in der Royal Albert Hall, 1984 in London***

Die Nachrichten über die Besetzung Tibets und über die Flucht des Dalai Lama haben zwar keine politischen Reaktionen ausgelöst, wohl aber auf der ganzen Welt eine Art esoterisches Interesse, das im Laufe der Jahre noch wuchs, als Einzelpersonen und Gruppen damit begannen, den Tibetern zu helfen. Vor allem aber hat der Dalai Lama, ein buddhistischer Mönch und Lehrer, ein Fürsprecher des Friedens und des Mitgefühls und zugleich das Staatsoberhaupt Tibets, die Phantasie und die Herzen Tausender von Menschen auf der ganzen Welt erobert.

In den ersten zehn Jahren seines Exils besuchte der Dalai Lama, der zuvor nur in China gewesen war, kein anderes Land außer Indien, wo er lebte. Erst 1967 unternahm er seine erste Auslandsreise und besuchte Japan und Thailand. Er traf sich vor allem mit anderen buddhistischen Würdenträgern und freute sich sehr darüber, weil er der Meinung war, daß diese Begegnungen ihm halfen, den tibetischen Buddhismus in einem größeren Zusammenhang zu sehen und zu erkennen, wie gut der Buddhismus sich anderen Ländern anpaßt, ohne seinen Charakter zu verlieren. Seine Rolle war schwierig; denn er mußte auf die diplomatischen und wirtschaftlichen Beziehungen seiner Gastländer mit China Rücksicht nehmen.

Die chinesische Regierung versuchte, formelle Begegnungen zwischen dem Dalai Lama und Regierungs-

vertretern anderer Länder zu verhindern, und behauptete, diese seien eine Einmischung in ihre innere Angelegenheiten. Das gilt heute noch, und darum besucht der Dalai Lama andere Länder als religiöser Lehrer, Konferenzteilnehmer oder Kämpfer für den Frieden.

Da die meisten Staaten, die er besucht, die tibetische Exilregierung nicht anerkennen, kann er mit ausländischen Regierungsmitgliedern keine politischen Themen erörtern, und oft trifft er sich nur dann mit ihnen, wenn eine führende religiöse Persönlichkeit anwesend ist. Mit Bill Clinton und John Major hat er nur bei informellen Anlässen gesprochen. Das alles hat jedoch weder die Zahl seiner Einladungen noch seine Freude aus aller Welt an der Begegnung mit vielen verschiedenen Menschen verringert.

Unten: Der Dalai Lama mit Heinrich Harrer in New York bei der Eröffnung von Harrers Fotoausstellung zur Feier des internationalen tibetischen Jahres 1990.

Vor allem begrüße ich die Gelegenheit, Menschen aus allen Bevölkerungsschichten zu treffen und mit ihnen zu reden – mit Reichen und Armen, gut oder schlecht Ausgebildeten, einigen Religiösen und vielen Unreligiösen.

DER 14. DALAI LAMA

BESUCHE IN EUROPA

1973 reiste der Dalai Lama sechs Wochen durch Europa, besuchte elf Länder und lernte zum erstenmal die westliche Kultur kennen. Er war davon begeistert, europäische Städte zu sehen, die er nur aus Büchern kannte, und er war neugierig auf die kulturellen Unterschiede zwischen dem Osten und dem Westen.

Aber als er über Rom flog – das Ziel seines ersten Aufenthaltes – sah er die gleichen Bäume und die gleichen Anzeichen menschlichen Lebens, mit denen er schon vertraut war, und er bemerkte, daß alle Unterschiede nur oberflächlich waren.

In Rom traf er mit Papst Paul VI. zusammen und war froh darüber, daß er mit ihm übereinstimmte, was die Bedeutung der Religion betraf. Er freute sich sehr, als er seinen alten Freund Heinrich Harrer wiedersah. In der Schweiz kam er mit einigen der zweihundert Kinder zusammen, die früh geflüchtet und von schweizer Familien adoptiert worden waren. Das war ein bewegender Augenblick, gemischt mit Trauer, weil die meisten von ihnen nicht mehr tibetisch sprechen konnten.

Obwohl die Reise sehr anstrengend war und der Dalai Lama von den vielen Orten, die er besuchte, nur einen flüchtigen Eindruck gewinnen konnte, war diese erste internationale Reise ein aufregendes Erlebnis für ihn. Sein erster Besuch in Europa löste außerdem großes

Links: Eine Menschenmenge heißt den Dalai Lama bei einem Besuch in Polen willkommen.

Interesse an Tibet und am tibetischen Buddhismus aus, und die Folge waren viele weitere Einladungen und Besuche.

> *Überall, wo ich war, fand ich die gleiche Güte und Gastfreundschaft und den gleichen Durst nach Informationen über Tibet. Mir wurde klar, daß mein Land auf viele Menschen in der ganzen Welt eine besondere Anziehungskraft ausübt.*
>
> DER 14. DALAI LAMA

HALLO DALAI!

1979 besuchte der Dalai Lama die Vereinigten Staaten, die als reichstes und freistes Land der Welt galten. Die *New York Times* begrüßte ihn mit der Schlagzeile: "Hello, Dalai".

Er war zwar bereits in Europa gewesen und hatte den ersten Kulturschock hinter sich; doch die USA waren der Eckstein der modernen westlichen Kultur und der Maßstab, an dem Wertvorstellungen gemessen wurden. Darum war der Besuch in den Staaten ein besonders aufschlußreiches Erlebnis für den Dalai Lama, das ihn zum Nachdenken anregte.

Während seines Aufenthalts in China war er von der chinesischen Propaganda gegen den Kapitalismus beeinflußt worden; nun konnte er selbst prüfen, ob diese Polemik zutraf. Seine ersten Eindrücke waren günstig. Die Menschen durften ohne Zensur ihre Meinung sagen und nach ihren Vorstellungen leben. Alle, die er traf, waren offen und freundlich und wollten mehr über ihn und Tibet erfahren.

Wo immer er sprach, wurde er herzlich empfangen – obwohl er mit seinem Englisch nicht zufrieden war –, und er genoß die jugendliche Begeisterung der Studenten, zu denen er sprach.

Aber manches überraschte ihn auch und machte die kommunistische Kritik glaubhafter. Er war erstaunt, in einem so wohlhabenden Land Bettler zu sehen, und war bestürzt über den unterschiedlichen Lebensstandard: Auf den Straßen der Großstädte gab es sowohl Arme als auch Reiche. Er sah den Reichtum und seine Folgen - Streß und Angst –, und er hörte, daß die Menschen Beruhigungsmittel brauchten, um schlafen zu können. Außerdem stellte er fest, daß die Überbetonung der Individualität die Menschen zwar in gewissem Umfang von Zwängen befreite, aber auch zu Entfremdung und Einsamkeit führte. Und die (im Westen) so gerühmte Freiheit des Denkens rief bisweilen eine Schwarzweißmalerei hervor, der die Grauschattierungen zwischen den Extremen entgingen.

Unten: Der Dalai Lama bei einer Kalachakra-Initiation im Jahr 1979 in Madison, Wisconsin.

> *Heute verstehe ich das Land besser, und mir wird allmählich klar, daß das politische System Amerikas in mancher Hinsicht seinen eigenen Ideale mißachtet.*
>
> DER 14. DALAI LAMA

Dennoch bewundert der Dalai Lama vieles an den Vereinigten Staaten, und er hat dort einige seiner größten öffentlichen Unterweisungen abgehalten, vor allem die Kalachakra-Initiation im New Yorker Madison Square Garden 1992. In den USA gibt es viele buddhistische Zentren und viele Buddhisten, und es scheint dort leichter zu sein, Geld für Projekte zu sammeln. Die tibetischen Buddhisten sind voller Begeisterung und Engagement.

Die Eindrücke, die der Dalai Lama im Westen gesammelt hatte, überzeugten ihn von der Demokratie, und dies ist der Grund dafür, daß die tibetische Exilregierung heute demokratisch gewählt wird und vielen Änderungen unterworfen war. Nachdem der Dalai Lama zwei Extreme kennengelernt hatte – Kapitalismus und Kommunismus –, kam er zu dem Schluß, daß der mittlere Weg, der beiden Systemen das Beste entlehnt, am wahrscheinlichsten zu Wohlstand und Glück führt.

Der Kulturaustausch, den seine Reisen bewirkte, hat auch Menschen im Westen beeinflußt, die mit Materialismus und Gier unzufrieden sind, und die USA und Europa können sich heute einer wachsenden Zahl von buddhistischen Gemeinden rühmen. Diese Gemeinden bieten eine positive und organisierte Alternative zur konventionellen westlichen Kultur, und ihre Wertvorstellungen beeinflussen allmählich auch weite Teile der Gesellschaft.

DIE VERLEIHUNG DES FRIEDENSNOBELPREIS

Im Jahr 1989 zeichnete das Nobelkomitee den Dalai Lama mit seinem Friedenspreis aus. Diese Ehre verschaffte seinen Bemühungen, die Lage in Tibet zu verbessern, internationale Aufmerksamkeit und ermöglichte es ihm, ein größeres Publikum zu erreichen. Die Folge war, daß die Unterstützung für Tibet zunahm und daß überall auf der Welt Hilfsgruppen für Tibet gegründet wurden.

Das Interesse am Dalai Lama selbst wuchs ebenfalls, und viele Menschen waren von seiner spontanen Großzügigkeit und Wärme ebenso begeistert wie von seinem Einsatz für sein Land und sein Volk.

Ich bin sehr glücklich, heute hier bei Ihnen zu sein und den Friedensnobelpreis entgegennehmen zu dürfen. Das ist eine große Ehre. Ich empfinde Demut und bin tief bewegt, weil Sie diesen Preis einem einfachen buddhistischen Mönch aus Tibet überreichen.

Ich bin kein besonderer Mensch, und ich glaube, Sie erkennen mit dieser Auszeichnung den wahren Wert des Altruismus, der Liebe, des Mitgefühls und der Gewaltlosigkeit an, die ich gemäß der Lehre des Buddha und der großen Weisen Indiens und Tibets zu leben versuche. Ich nehme den Preis mit tiefer Dankbarkeit im Namen aller an, die unterdrückt werden oder für die Freiheit und den Weltfrieden eintreten, und als Tribut an Mahatma Gandhi, den Mann, der die moderne Tradition des gewaltlosen Kampfes für den Wandel begründet hat und dessen Leben mich belehrte und inspirierte. Und natürlich nehme ich ihn auch im Namen der sechs Millionen Tibeter an, meiner tapferen Landsleute in Tibet, die so viel gelitten haben und immer noch leiden. Sie sind mit einer genau berechneten, systematischen Strategie konfrontiert, deren Ziel die Vernichtung ihrer nationalen und kulturellen Identität ist. Der Preis bekräftigt unsere Überzeugung, daß wir Tibet befreien werden, wenn wir uns mit der Wahrheit, mit Mut und Entschlossenheit wappnen.

DER 14. DALAI LAMA

Links: Der Dalai Lama auf einer Konferenz in Oxford, die sich mit dem Überleben der Menschheit befaßte.

DIE JÜNGSTEN REISEN DES DALAI LAMA

Heute erhält der Dalai Lama so viele Einladungen, daß er manche mit Bedauern ablehnen muß. Man lädt ihn ein, über Buddhismus zu sprechen oder an Konferenzen teilzunehmen, und zwar ein oder zwei Jahre vor der Veranstaltung, damit er sie in seinem vollen Terminkalender unterbringen kann. Wer Glück hat, bereitet sich eineinhalb bis zwei Jahre auf das große Ereignis vor. Ein gutes Beispiel dafür ist seine Reise durch Großbritannien im Jahr 1996, bei der ich ein wenig mithelfen durfte und für die Videoaufzeichnung zuständig war.

Drei Organisationen, koordiniert vom britischen Tibetbüro, hatten den Dalai Lama eingeladen. Eine von ihnen war das neu gegründete Network of Buddhist Organisations (NBO), dessen Mitglieder anfangs ein wenig vor der enormen Aufgabe zurückschreckten. Fragen wie: "Können wir unsere Kosten mit dem Verkauf von Eintrittskarten decken?" hallten durch den Raum, als die ersten Diskussionen geführt wurden. Doch die Begeisterung darüber, an einem so bedeutenden Ereignis mitwirken zu dürfen, überwog, und das NBO schickte dem Dalai Lama zusammen mit der Tibetischen Gesellschaft und der Buddhistischen Gesellschaft eine Einladung. Er nahm sie an, und monatelange, harte und hingebungsvolle Arbeit war die Folge.

Rechts: Der Dalai Lama 1984 im Londoner Camden-Zentrum.

Große Hallen wurden gemietet: der Londoner Alexandrapalast für eine öffentliche Ansprache, ein tibetisches Fest und eine interkonfessionelle Konferenz; der Barbican, ebenfalls in London, für ein Seminar über die "vier edlen Wahrheiten" des Buddhismus; die Free Trade Hall in Manchester für eine weitere Rede. Die Buddhistische Gesellschaft – eine Dachorganisation für Buddhisten aller Richtungen – wollte eine kleine Feier für die Delegierten der britischen Buddhisten abhalten. Eine Pressekonferenz im Parlamentsgebäude war ebenfalls vorgesehen, und mit der Königinmutter sollte der Dalai Lama Tee trinken.

Als die Ankunft des Dalai Lama nahte, nahm die Nervosität zu. Eintrittskarten waren teuer wie Goldstaub, und es gab wilde Gerüchte über die besten Plätze, von denen aus man einen Blick auf den Dalai Lama werfen oder gar seinen Segen empfangen und ihm die Hand schütteln konnte. Am großen Tag säumten Tibeter, die in England lebten, die Straßen. Sie trugen traditionelle Kleider und hielten weiße Begrüßungsschals und brennende Weihrauchbüschel in den Händen. Wächter hielten die Menge zurück, obwohl die Ankunft des Dalai Lama kein öffentliches Ereignis war und nur "Eingeweihte" gekommen waren. Wir stellten unsere Kameras auf, und alle warteten.

Plötzlich gerieten die Menschen in Bewegung, als eine Autokolonne vorfuhr. Dann stieg der Dalai Lama aus seinem Wagen, lächelte den Leuten zu und begrüßte so viele, wie er erreichen konnte. Diejenigen, die er berührte, waren tief bewegt und brachen oft in Tränen der Freude aus. Kurz bevor er das Haus betrat, in dem er während seines Besuchs wohnen würde, drehte er sich oben auf der Treppe um, lächelte, wenn er Menschen sah, die er kannte, und winkte allen zu. Dann ruhte er sich aus und sprach Gebete, ehe sein harter Zehn-Stunden-Tag begann.

Sofort nach Einbruch der Dämmerung kamen wir am Alexandrapalast an, wo wir einige Stunden damit verbrachten, unsere Videoausrüstung zu arrangieren. Der Saal vibrierte bereits vor Aktivität, und es herrschte eine Atmosphäre des Wohlwollens und der Erwartung. Die Julisonne schien durch die großen bunten Glasfenster, und die riesige Halle füllte sich allmählich mit Tausenden von Menschen. Tibetische Tänzer und Sänger unterhielten das erwartungsvolle Publikum. Bedauernde Rufe ertönten, als bekannt wurde, daß der Zug des Dalai Lama sich verspätet hatte; dennoch warteten alle geduldig. Auf einmal stand er auf der Bühne und wurde lautstark und herzlich begrüßt.

Seine Ansprache im Alexandrapalast war ziemlich kurz, nicht nur wegen seiner Verspätung, sondern auch weil die Menge fast jedesmal, wenn er etwas sagte, in Jubel ausbrach. Doch das störte den Dalai Lama nicht, und er paßte seine Rede der Stimmung des Publikums an und machte Scherze, die Lachsalven auslösten. Dann war alles vorbei, und er war fort. Langsam und glücklich zerstreute sich die Menge, und wir packten unsere Ausrüstung zusammen und fuhren zur nächsten Veranstaltung.

Überall, wo der Dalai Lama erschien, wurde er von Buddhisten, Sympathisanten Tibets und den vielen Menschen, die ihn einfach nur lieben und sich von ihm inspirieren lassen, gleich herzlich begrüßt. Alle wollten hören, was er zu sagen hatte und wie sie seinen Rat im täglichen Leben nutzen konnten. Seine Weisheit ist oft humorvoll, sein Mitgefühl ist spürbar, und er bewegt die Menschen, indem er einfach seine Ideale lebt. Wer bei ihm ist, spürt die Liebe, den Frieden und die innere Ruhe, die er mitten im Trubel ausstrahlt.

Links: Der Dalai Lama spricht 1996 im Londoner Barbican-Zentrum über die Vier edlen Wahrheiten.

Das sind archetypische menschliche Eigenschaften, und Menschen auf der ganzen Welt reagieren darauf gleich. Nationalität, Alter, Kultur und Religion bilden keine Hindernisse – jeder versteht, was der Dalai Lama lehrt und ist. Fast alle, die ihm begegnen, sind dankbar für dieses Erlebnis. Er versteht es überall auf der Welt, eine uralte Weisheit modern auszudrücken.

8

Ein Interview mit dem Dalai Lama

Am 4. Juli 1996 ging ich auf einer der beiden Hauptstraßen von McLeod Ganj auf die Residenz des Dalai Lama zu, um ihn zu interviewen. Am diesem Nachmittag war die Luft schwül und feucht, und der frühe Monsunregen stand bevor. Ich war froh, als ich nach den Sicherheitskontrollen in einem Warteraum mit Klimaanlage saß, wo ich in Ruhe meine Gedanken ordnen konnte. Bald darauf führte mich Tenzin Geyche, der Privatsekretär des Dalai Lama, der bei Bedarf dolmetschen sollte, in ein großes Wohnzimmer mit bequemen Möbeln. Der Dalai Lama war bereits da, und nach der Begrüßung schlug er vor, gleich mit dem Interview zu beginnen. Ich schilderte ihm kurz, was für ein Buch ich schreiben wollte, und stellte dann meine Fragen.

GFH: ***Gibt es eine Botschaft des Buddha, die jeder kennen und befolgen sollte?***
DL: Nächstenliebe und ein gutes Herz, nicht nur für Menschen, sondern auch für Tiere – für alle empfindenden Wesen. Einerlei, ob jemand an den Buddhismus glaubt oder nicht, wer sich für Umweltschutz einsetzt oder für das Recht der Tiere und gegen Grausamkeit mit Tieren kämpft, ist sehr gut.

Ich glaube, wenn wir eine altruistische Einstellung nicht nur gegenüber der Menschheit, sondern gegenüber allen Lebensformen fördern, werden wir friedlicher und gewaltloser. Die Grundlage der weltlichen Ethik ist ebenfalls gut.

GFH: ***Gibt es Ihrer Meinung nach Gemeinsamkeiten zwischen dem tibetischen Buddhismus und den Werten der modernen westlichen Gesellschaft?***
DL: Ich war immer der Ansicht, daß der Buddhismus und alle großen Weltreligionen sich mit dem fundamentalen menschlichen Leid und den Problemen der Menschen auseinandersetzen. Daran gibt es keinen Zweifel. Das gilt vor allem für den Buddhismus – ein System, das Probleme mit dem Geist löst.

Was grundlegende seelische Probleme des Menschen angeht, so gibt es also meiner Meinung nach keine wesentlichen Unterschiede zwischen Ost und West. Es gibt einige kulturelle Unterschiede, aber was die Lehre

Großes Bild: Ein nachdenklicher Dalai Lama.

Rechts: ***Ein heiterer Dalai Lama.***

Ganz rechts: ***Eine nachdrückliche Antwort auf eine Frage.***

des Buddha betrifft, so sind alle Menschen gleich oder ähnlich, es gibt in Wirklichkeit keine echten Unterschiede.

Wenn die Leute sich mit der buddhistischen Tradition beschäftigen, interessieren sie sich gewöhnlich für die Kunst und die Musik und gewinnen so einen allgemeinen Eindruck von dieser Religion. Manche Leute betrachten die Kleidung, die Mönche einer bestimmten Richtung tragen, und glauben dann, sie hätten eine ganz gute Vorstellung von dieser Religion.

Gewiß, es gibt auch Unterschiede. Wenn wir das Wort "Buddhismus" hören, denken wir meist an Tempel und so weiter; aber wer Milarepas Höhle besucht, wird feststellen, daß sie nicht buddhistisch oder christlich, sondern nur eine leere Höhle ist. Darum meine ich, daß die Vier edlen Wahrheiten [vom Leiden, von der Ursache des Leidens, von der Überwindung des Leidens und vom Weg zur Überwindung] und die zwei Wahrheiten [die relative Wirklichkeit unserer Wahrnehmung und die absolute Wirklichkeit] der Buddhismus sind und daß sie geistige Anstrengung voraussetzen. Insofern ist es im Grunde genommen gleichgültig, ob jemand aus dem Osten oder aus dem Westen kommt.

GFH: ***Warum verbringen Sie immer mehr Zeit im Westen?***
DL: Nur weil ich so oft eingeladen werde!

GFH: ***Warum ist Ihrer Meinung nach das Interesse am Dalai Lama und am tibetischen Buddhismus im Westen so groß?***
DL: Der Begriff Westen ist zu allgemein. Aber im Westen gibt es Menschen, die sich für östliche Philosophie interessieren. Und es besteht Interesse am Buddhismus. Ich glaube, sie wollen zunächst mehr über etwas erfahren, was ihnen fremd ist. Das ist normal. Der Mensch interes-

siert sich von Natur aus für das Neue. Im Westen gibt es ständig neue Lieder, neue Tänze, neue Moden. Diese Freude am Neuen gibt es auch im Bereich der Spiritualität.

Was den Buddhismus angeht, wird immer von Geistestraining gesprochen, von einem Glauben, der sich mit der Weisheit und mit dem Intellekt verbindet. Das ist offenbar neu. Manche Wissenschaftler haben mir gesagt, der Buddhismus und vor allem der tibetische Buddhismus vereinige sehr schön Glaube und Weisheit. Wenn eine Religion analytische Meditation einschließt, nutzt sie den Intellekt, und das gefällt einigen westlichen Gelehrten.

Selbstverständlich ist Meditation nicht nur für Buddhisten nützlich, sondern für viele Menschen. Im alten Christentum war die Meditation ebenfalls wichtig, aber ich glaube, das hat später nachgelassen. Manche christlichen Brüder und Schwestern sind heute sehr an Meditation interessiert. Das ist sehr gut. Sie bleiben Christen, übernehmen aber einige Methoden aus anderen Traditionen. Das ist wohl der Hauptgrund [dafür, daß im Westen soviel Interesse am Buddhismus besteht]. Wirklich religiöse Menschen erkennen, daß der Buddhismus vor allem den Geist schult und daß diese Methoden auf vielfache Weise die guten Eigenschaften fördern und die negativen dämpfen. Ich glaube, das ist besonders attraktiv.

Der Buddhismus ist zudem vernünftig und logisch. Ich habe einige Christen getroffen, die meinten, daß Christentum sei logisch und der Buddhismus unlogisch. Sie waren sehr davon überzeugt, aber sie verwirrten mich [lacht]!

Ernsthafte Menschen, die bei der Meditation neue Erfahrungen machen, schätzen die Meditation um so mehr.

GFH: ***Was halten Sie von den Filmen über Sie, die zur Zeit gemacht werden?***

DL: Für mich selbst sind sie nicht sehr wichtig. Dennoch sind sie sehr nützlich, weil sie auf Tibet aufmerksam machen. Einige der Leute, die diese beiden Filme machen, sind an Tibet interessiert. Sie unterstützen diese Filme mit Begeisterung, weil sie ihrer Meinung nach dem Land nützen. Mir scheint, sie denken nicht ans Geld, sondern tun das aus Überzeugung. Das macht mich glücklich.

Ich habe eine Vorschau auf diesen Film über mein Leben gesehen, und als ich die Jungen sah, die den Dalai Lama spielen – es sind drei –, hatte ich den Eindruck, daß ich als Kind viel klüger war als sie [lacht]! Die gesamte Szenerie ist künstlich – erstaunlich gut gemacht, von echten Experten.

GFH: ***Welche bekannten Persönlichkeiten bewundern Sie und warum?***

DL: Zuerst den Vorsitzenden Mao [lacht]! Ja, wirklich, einige Züge Maos haben ihn zu einem großen Führer gemacht. Ich habe manches Nützliche von ihm gelernt. Natürlich kamen im Laufe der Zeit einige negative Aspekte zum Vorschein. Einige andere chinesische Politiker haben mich ebenfalls beeindruckt, als ich 1945 in China war.

1956 war ich in Indien und fand im ersten indischen Präsidenten [Dr. Rajendra Prasad] einen großen Politiker. Ich weiß nicht, ob er als international bedeutender Staatsmann galt; aber ich habe ihn sehr respektiert. Nehru war ein großer Führer, und er war in mancher Hinsicht eher westlich als indisch.

Unter den Politikern, die ich im Westen traf, kann ich Willy Brandt nennen. Unter denen, die noch leben, Vaclav Havel, obwohl ich neulich einige Kritik [gehört] habe. Dann natürlich Nelson Mandela. Bevor er Präsident wurde, habe ich ihn schon bewundert, danach noch mehr. Er ist ernsthaft um Versöhnung bemüht, und das ist schon bemerkenswert.

John Major hat mir sehr gut gefallen. Natürlich weiß ich nicht genug über seine Politik, aber ich schätze seine Persönlichkeit.

Vor kurzem habe ich den taiwanesischen Präsidenten Lee Teng-hui getroffen. Er ist ein Experte für chinesische Geschichte und der erste frei gewählte chinesische Präsident in der 5000 Jahre langen Geschichte Chinas. Er ist sehr spirituell eingestellt. Das beeindruckte mich, denn es zeigt, daß er lernen und sich spirituell entwickeln möchte. Ich glaube, er respektiert auch das Christentum sehr.

GFH: ***Sie treten für einen Dialog der Religionen ein. Was möchten Sie damit erreichen?***
DL: Besseres Verständnis und auch positive Eindrücke auf die Menschen. Wichtig sind auch die Begegnung und der Austausch spiritueller Erfahrungen. Das ist überaus nützlich. Was mich betrifft, so lerne ich mehr über den Wert des Buddhismus, wenn ich mich mit anderen Traditionen beschäftige.

Ich finde, alle großen Religionen der Welt sind gleich wertvoll; ich bewundere und respektiere sie. Als Folge unserer Begegnungen gewinnen einige unserer Brüder und Schwestern aus anderen religiösen Traditionen eine positive, offenere Einstellung. Ich bin stolz darauf, daß ich dazu ein wenig beigetragen habe.

Ich versuche nicht, die Lehre des Buddha zu propagieren. Mir ist es wichtig, was der Buddhismus tun kann; ich will nicht missionieren. Wenn ich mit Menschen aus dem Westen oder mit Hindus oder mit anderen Nichtbuddhisten über den Buddhismus spreche, bin ich zurückhaltend. In einer öffentlichen Audienz gebe ich ihnen keine gesegneten Perlen. Aber ich fürchte, einige von ihnen fühlen sich dann vom Dalai Lama diskriminiert, weil ich diese Perlen nur Tibetern gebe [lacht]! Wenn ich weiß, daß ich einen Buddhisten vor mir habe, gebe ich sie ihm. Aber eine Perle, die nach buddhistischer Tradition gesegnet wurde, ist etwas Heiliges, und es wäre nicht richtig, sie Nichtbuddhisten zu geben.

Das gilt für alle heiligen Dinge aller Traditionen. Wenn ich in einer christlichen Kirche wäre, und der Priester würde mir die heilige Kommunion anbieten, würde ich mich nicht sehr wohl fühlen. Natürlich habe ich großen Respekt vor Jesus Christus und der christlichen Tradition; aber man muß daran auch glauben, das ist sehr wichtig.

Ich achte diese religiösen Traditionen, weil sie für viele Menschen gut sind, das ist offensichtlich. Das heißt aber nicht, daß sie gut für mich sind.

GFH: ***Welche Erinnerungen an Ihre Zeit in Tibet sind heute noch am lebendigsten?***
DL: Einige glückliche Momente und einige erschreckende. Ich habe gerne im Potala gelebt und bin auch gerne in den Norbulingka, den Sommerpalast, gegangen. Die Sommer waren herrlich. Alle Rasenflächen wurden grün, die Aprikosenbäume blühten und die Vögel sangen. Im Mai 1993 habe ich zum erstenmal Wales besucht. Die Landschaft ist sehr schön. Vor dem Schloß [Cardiff] waren einige Pfauen. Das erinnerte mich an meinen Palast in Lhasa. Als ich ihn im März 1959 verließ, waren dort ein paar Pfauen, und ich habe mir oft Sorgen darüber gemacht, was aus ihnen wurde.

Links: *Die Sommer im Norbulingka gehören zu den glücklichen Erinnerungen des Dalai Lama.*

GFH: ***Sie haben vor kurzem gesagt, wenn die tibetische Frage ungelöst bleibe und die Tibeter noch einen Dalai Lama haben wollten, würden sie sich außerhalb von Tibet reinkarnieren. Welche Folgen hätte das?***

DL: Das sage ich seit vielen Jahren. Die Bemerkung, die Sie meinen, habe ich in einem bestimmten Kontext gemacht, auf den ich später eingehen kann. Wie dem auch sei - wenn ich in diesem Leben nicht nach Tibet zurückkehren kann, wenn die Tibeter wollen, daß ich weiter mache und wenn ich außerhalb von Tibet als Flüchtling sterbe, dann werde ich mich logischerweise auch außerhalb von Tibet reinkarnieren. Der Zweck der Reinkarnation besteht nämlich darin, Aufgaben zu lösen, die im vorigen Leben nicht gelöst werden konnten. In meinem Leben als 14. Dalai Lama wurden mir einige Aufgaben gestellt – etwa der Kampf für die Freiheit –, die ich noch nicht gelöst habe. Diese Arbeit muß ich im nächsten Leben fortsetzen.

Würde ich mich in Tibet inkarnieren, wären die Chinesen in der Lage zu manipulieren und die Arbeit zunichte zu machen, die der 14. Dalai Lama begonnen hat. Einige chinesische Politiker haben schon in den achtziger Jahren gesagt, die ganze tibetische Frage hänge sehr mit einer einzigen Person zusammen, die allmählich alt werde. Wenn diese Person stirbt, wollen sie sich einen jungen Dalai Lama aussuchen. Das ist eine törichte Idee. Darum hielt ich es für politisch notwendig, diese Angelegenheit klarzustellen.

GFH: ***Wie sind bestimmte Praktiken, zum Beispiel das Orakel, mit der modernen Wissenschaft zu vereinbaren?***

DL: Die Wissenschaft akzeptiert Definitionen. Nach meinem Verständnis befaßt die Wissenschaft sich vor allem mit der Realität, einschließlich der physischen Aspekte.

Darauf hat sie sich bis heute konzentriert. Aber es gibt Phänomene wie das Bewußtsein, die abstrakt sind und die man nicht berechnen oder messen kann. Dennoch existieren sie.

Oben: *Der Dalai Lama mit einer Damaru-Trommel.*

Ich glaube nun, daß nicht nur das Orakel existiert, sondern daß es auch Lebensformen gibt, die weder menschlich noch tierisch sind. Wir dürfen nicht sagen: Nur das Sichtbare existiert, nicht aber das Unsichtbare. Das ist falsch.

Im 19. Jahrhundert fingen die Wissenschaftler an zu behaupten, daß nur gewisse Phänomene existieren und daß darüber hinaus nichts existiert. Heute, im 20. Jahrhundert, kennen wir viel mehr existierende Phänomene. Im nächsten Jahrhundert werden wir ebenfalls viele neue Phänomene entdecken, von denen wir heute behaupten, sie existierten nicht.

Ich selbst glaube fest daran, daß die Wissenschaft in Zukunft Fortschritte macht. Heute betrachtet sie Orakel und ähnliche Phänomene als mysteriös, nicht wahr? So gesehen gibt es in der Tat Widersprüche. Aber die Wissenschaft hat ihre Grenzen, und sie muß noch viel lernen. Ich glaube, es handelt sich hier um Scheinwidersprüche.

GFH: ***Was halten Sie vom Tantra [einer buddhistischen Meditation, die als "schneller Weg zur Erleuchtung" gilt]?***

DL: Unter Tibetern wird das Tantra oft praktiziert. Die meisten der drei Generationen von Tibetern, die hier [in Indien] leben, sind seit ihrer Kindheit Buddhisten und glauben mehr oder weniger daran, was sie von Eltern und Angehörigen gelernt haben. Die Mehrzahl der Tibeter, praktizieren täglich das Vajrayana [Tantra], aber mit Sicherheit ohne richtige Grundlage.

Wie die Anhänger Atishas vor etwa 800 Jahren verschweigen manche Tantrameister, daß sie das Tantrayana praktizieren. In den Klöstern rezitieren heute manche jungen Mönche tantrische Sadhanas [Gebete mit Visualisation], ohne etwas davon zu verstehen. Leider ist es so. Manches in der buddhistischen Gemeinde ist sehr gut, doch einiges ist oberflächlich.

Die Menschen im Westen haben einen anderen sozialen Hintergrund und andere Traditionen, aber auch sie interessieren sich für das Tantrayana. Sie sollten sich in den Vier Edlen Wahrheiten und in den zwei Wahrheiten üben und dann studieren und praktizieren. Wer versteht, was Altruismus ist und was Sunyata ist ["Leere"; die Auffassung, daß nichts unabhängig, sondern alles voneinander abhängig ist], der kann mit dem Tantrayana anfangen. Das ist der richtige Weg.

Wenn wir die Lehre des Buddha ernsthaft studieren, folgt ein Schritt dem anderen. Wenn wir die Lehre auf der akademischen, intellektuellen Ebene studieren, so ist auch das in Ordnung – man kann alles studieren.

Wenn wir nicht schrittweise vorgehen, werden wir unrealistisch. Manche Leute im Westen fragen mich, welche Methode die schnellste ist. Über Tantra wird geschrieben, es sei am schnellsten und am besten. Aber es ist nicht für jeden am schnellsten, sondern nur für jene, die gründlich vorbereitet sind. Wenn Sie mich fragen, welche Universität die beste ist, könnte ich sagen: Diese hier ist die beste für Technik. Das bedeutet jedoch nicht, daß alle Kinder hier studieren sollen. Sie ist nur für jene am besten, die bereits auf das Studium vorbereitet sind. Das gilt auch für das Tantra: Es ist nur für jene am besten geeignet, die alle Vorbereitungen hinter sich haben. Das ist sehr wichtig.

Ich mache mir große Sorgen darüber, wie die Tibeter den Buddhismus praktizieren, und darum mache ich mir auch Sorgen über Buddhisten im Westen. Ich rate ihnen nicht davon ab, Tantrayana zu praktizieren - aber sie sollten die notwendigen Vorbereitungen und Studien nicht vergessen.

Die wahre Bedeutung des Nektars [ein göttliches Opfer an die Buddhas, das bei Zeremonien in der Regel visualisiert oder durch Alkohol oder Safranwasser ersetzt wird] ist: "Unreine Substanzen werden in etwas verwandelt, was wie Nektar schmeckt". Ich kann das nicht; aber Naropa erhielt von Tilopa etwas Unreines, und es geschah. Der richtige Weg besteht also darin, tiefere Einsichten zu sammeln und erst dann diese Übungen zu versuchen.

Leider kommt es heutzutage auch zu Sexskandalen. Ein alter indischer Meister befahl seinen Schülern, so lange Mönche zu bleiben, bis sie eine bestimmte Ebene erreichten. Später sagte er ihnen, es sei noch zu früh, die Mönchskutte abzulegen, selbst wenn sie imstande seien, durch Meditation eine Frucht vom Baum fallen zu lassen. Erst wenn sie die Frucht veranlassen könnten, an den Baum zurückzukehren, sei die Zeit für das Tantra gekommen. Der Grund dafür ist die Tatsache, daß das Tantra mit den subtilen Energien arbeite, die sich den Chakren entlang auf und ab bewegen. Diese sexuellen Praktiken sind in Wahrheit kein Sex, auch wenn es so aussieht. Tantra ist also ziemlich gefährlich. Es wird leicht mißverstanden, und darum sollte man vorsichtig sein.

GFH: ***Wie meditieren Sie?***

DL: Meist vier Stunden am Morgen und eineinhalb am Abend, insgesamt also fünf oder sechs Stunden. Hinzu kommt die formelle Meditation, die hauptsächlich aus Rezitieren besteht. Das ist eine Art Wiederholung, um das Gedächtnis aufzufrischen.

Zum Teil spreche ich Mantras, zum Teil Gebete, oder ich lobpreise Buddha – das ist nicht mehr als Rezitieren. Der Rest sind Worte, die mich daran erinnern, daß sie in die Tat umgesetzt werden müssen, und analytische Meditation. Vor allem meditiere ich über Nächstenliebe, Vergänglichkeit, Bodhicitta ["Mögen alle Wesen glücklich sein"] und Leere.

Schön, ich danke Ihnen!

*Unten: **Der Dalai Lama mit Nelson Mandela, 1996 in Südafrika.***

III. Teil

~

TIBETISCHER BUDDHISMUS

9
~
Einführung in den tibetischen Buddhismus

Der tibetische Buddhismus ist eine der Richtungen, die sich aus der ursprünglichen Lehre Buddhas entwickelt haben. Andere Schulen entstanden in Sri Lanka, Thailand und Burma; sie sind als Theravada bekannt. Der Buddhismus breitete sich auch nach Japan, China, Vietnam und Korea aus, wo er als Zen blühte.

Vorige Seiten, von links: ***Gebete und Mantras werden auf eine Rolle genäht, die Teil einer Gebetsmühle ist; ein tibetisches Nomadenmädchen; im tibetischen Institut für darstellende Künste.***

Rechts: ***Opferverteilung in Bodhgaya, Indien.***

Ganz rechts: ***Ein Pilger betet vor dem Bodhibaum.***

Der Buddhismus reist heute noch, diesmal nach Westen, wo die Lehren der heutigen Schulen sich mit der Zeit zu einem echten westlichen Buddhismus entwickeln werden. Wer den tibetischen Buddhismus verstehen will, muß also seinen Ursprung kennen: das Leben und die Lehre von Shakyamuni Buddha.

Prinz Siddhartha Gautama wurde 600 Jahre vor Christus in einem kleinen Königreich am Fuße des Himalaya an der Grenze zwischen Indien und Nepal geboren. Sein Vater, König Shuddhodana, das Oberhaupt der Shakyas, freute sich sehr über seinen Sohn und Erben und nahm selbstverständlich an, dieser werde ihm als König nachfolgen.

Auf dem Fest zur Feier der Geburt bat er Asita, einen Heiligen, der für seine Sehergabe berühmt war, Siddhartha zu segnen. Asita sah dem Kind ins Gesicht und erkannte sofort, daß er einen großen religiösen Meister vor sich hatte. Er war tief bewegt.

Shuddhadana war besorgt, als er Asitas Rührung sah, und er befahl ihm, sofort seine Voraussage zu machen. Asita wußte, daß der König nicht erbaut sein würde, wenn er erfuhr, daß sein Sohn auf sein Geburtsrecht verzichten würde. Darum verkündete er, Siddhartha werde entweder ein großer König oder ein großer Lehrer und Asket werden. Damit hoffte er den König zu besänftigen. Doch dieser durchschaute ihn und verbannte ihn aus sei-

Buddhismus ist mehr als eine asiatische Religion.

Der 14. Dalai Lama

Ganz rechts: ***Eine Jowo-Buddhastatue im Jokhang, Lhasa – die am höchsten verehrte Staute Tibets, der man nachsagt, Buddha habe sie gesegnet.***

Ganz rechts unten: ***Eine Buddhastatue mit einem Kata (einem weißen Seidenschal) als Opfer.***

nem Land. Ihm war klar, daß Kummer und Leid seinen geliebten Sohn in die Arme der Religion treiben würden, und darum beschloß er, innerhalb der Palastmauern ein Lustschloß zu bauen, das Siddhartha nie verlassen sollte.

Siddhartha wuchs umgeben von Schönheit und Luxus auf. Alle seine Wünsche wurden erfüllt, noch ehe er sie äußerte. Der Palast war ein Paradies der Sinne, und alles Unangenehme und Häßliche war verboten. Das einzige, was sein Vater ihm verweigerte, war ein Blick in die Außenwelt. Darauf mußte er warten, bis er Ende zwanzig war.

Anfangs störte ihn das nicht; doch mit der Zeit wurde er des Überflusses und der Sinnenfreude müde, und selbst seine schöne Gemahlin und sein kleiner Sohn konnten ihn nicht trösten. Da gestattete ihm sein Vater drei Fahrten in die Stadt, jedoch nicht ohne umfangreiche Vorkehrungen.

Selbst der mächtige König konnte jedoch nicht verhindern, daß Siddhartha einem Alten, einem Kranken und einem Toten begegnete. Er stellte seinen Dienern Fragen und entdeckte, daß alle Wesen der Geburt, der Krankheit, dem Alter und dem Tod unterworfen sind – selbst Könige. Diese Erkenntnis stürzte ihn in existentielle Verzweiflung.

Er setzte sich an einen Fluß, stützte den Kopf in die Hände und kontemplierte über das Leiden. Dann sah er einen Asketen, der nichts besaß außer zerlumpten Kleidern und dennoch vor Zufriedenheit strahlte, offensichtlich unberührt von seiner Armut. "Das ist die Antwort auf dieses schreckliche Leiden", dachte Siddhartha und beschloß, den Weg der Askese zu gehen.

In derselben Nacht floh er aus dem Palast, schnitt sich die Haare ab, warf seine schönen Kleider weg und begann seine spirituelle Reise. Er suchte die großen heiligen Männer seiner Zeit auf und lernte von ihnen, soviel er konnte.

Immer noch unzufrieden, übte er mehrere Arten der Meditation und lebte schließlich mit einigen Gleichgesinnten im Wald als strenger Asket. Immer noch rang er mit dem Begehren, und als er dem Verhungern nahe war, ging er an einen Fluß. Dort traf er eine Kuhhirtin, die ihm Milch und Reis anbot. Er nahm die Speise, und als er sich besser fühlte, erkannte er, daß Selbstkasteiung ebensowenig die Antwort war wie Völlerei und Sinnlichkeit. Der mittlere Weg war der beste.

Seine enttäuschten Gefährten verließen ihn, und so beschloß er, unter einem Bobaum so lange zu meditieren, bis er die Antwort gefunden hatte, nach der er suchte. Er fiel in tiefe Meditation und sah die Dämonen der Begierde und der Unwissenheit vor sich tanzen. Als der Morgen dämmerte, betrachtete er die Welt mit neuen Augen – er hatte die Dualität der Lust und des Leidens, des Lebens und des Todes überwunden. Siddhartha hatte die Erleuchtung, das langersehnte und erlösende Nirwana erlangt.

Rechts: ***Ein nepalesischer Mönch mit einem Rosenkranz und einem Foto des Dalai Lama.***

Großes Bild: Ein Thanka, auf dem der Buddha und die sechzehn Arhats dargestellt sind. *Oben:* Eine Chenrezig-Statue mit Kata. *Links:* Statue des Guru Rimpoche im Jokhang, 1994.

Großes Bild: ***Eine tibetische Pilgerin betrachtet den Buddha-Felsen auf dem Lingkor, dem Weg, der Lhasa umkreist.***

DER BUDDHISTISCHE WEG

Das Prinzip des Buddhismus ist die Bedingtheit, das Gesetz von Ursache und Wirkung. Das bedeutet ganz einfach, daß alles, was ein Individuum erlebt, auf ein Tun zurückgeht, dem ein Motiv zugrunde liegt.

DER 14. DALAI LAMA

Der Buddha, zu dem Siddhartha nun geworden war, verbrachte den Rest seines Lebens damit, zu lehren und jene zu ordinieren, die den Weg der Entsagung gehen wollten. Er lehrte nur, wenn man ihn darum bat, und zog sich jedes Jahr einige Monate zurück, um zu meditieren. Er wollte weder einen Kult noch eine starre Religion gründen, sondern zog es vor, ein spiritueller Freund oder Lehrer zu sein, der Individuen half, ihren eigenen Weg zur Erleuchtung zu finden. Bei seinen Lehrreden berücksichtigte er die Fähigkeiten seiner Zuhörer, und er besaß die Gabe, tiefe Wahrheiten einfach auszudrücken. Diese Fähigkeit spiegelt sich in einem der Lieblingsaussprüche des Dalai Lama wider: "Meine Religion ist Güte."

Was bedeutet es eigentlich, Buddhist zu sein? Diese Frage ist nicht leicht zu beantworten, zumal Buddhist ein im Westen erfundener, neuer Ausdruck ist. Die Tibeter und andere asiatische Buddhisten befolgen einfach die Lehre des Buddha. Dieser feine sprachliche Unterschied enthält eine machtvolle Botschaft: Buddhismus ist eine Lebensweise, kein bequemes Etikett und kein Spielfeld für den Intellekt.

Rechts: ***Gebetsmühlen in Katmandu, Nepal.***

Seid mutig. Seid wach und bewußt. Denkt daran, daß der Buddhismus nicht verlangt, ein "Buddhist" zu werden, das heißt eine neue Identität anzunehmen. Er verlangt auch nicht, im Kopf Wissen zu speichern oder bestimmte Praktiken auszuüben. Letztlich geht es darum, alle Formen und Ideen aufzugeben und frei zu werden.

JOHN SNELLING

Natürlich gibt es eine geläufige Definition des "Buddhisten". Er ist ein Mensch, der seine Zuflucht zu den Drei Juwelen nimmt: zum Buddha, zum Dharma und zum Sangha. Das setzt voraus, daß er Vertrauen hat, ein Versprechen abgibt und einen Ort hat, an den er zurückkehren kann, wenn in der Welt Chaos ausbricht.

Buddha ist eine historische Persönlichkeit; doch die Schriften fordern uns auf, unseren Lehrer als untrennbar vom Buddha zu betrachten, so daß der Buddha auch unser Lehrer sein kann, etwa der Dalai Lama.

Dharma ist die mündlich oder schriftlich überlieferte Lehre des Buddha, seine Worte der Weisheit.

Sangha ist die spirituelle Gemeinde. Manchmal bedeutet Sangha auch die klösterliche Gemeinschaft von Mönchen oder Nonnen; aber der Begriff umfaßt auch unsere spirituellen Freunde, die uns helfen, so wie wir ihnen helfen.

Die wohl grundlegendste Lehre des Buddha sind die Vier edlen Wahrheiten, die den Übergang vom Samsara zum Nirwana zusammenfassen. Samsara wird oft als Le-

bensrad dargestellt; es besteht aus zwölf Phasen des Lebens und des Todes, sechs Existenzebenen und drei Ketten (Unwissenheit, Gier und Abneigung), die uns an diesen Zyklus fesseln. Das ganze Rad befindet sich in den Armen des Dämons Mara, der Illusion. Im Nirwana hören Geburt und Tod auf, und wer es erreicht, der ist dem Lebensrad entkommen und hat die Erleuchtung erlangt. Dieser Zustand unterscheidet sich jedoch nicht von der jetzigen Existenz – er enthüllt vielmehr die wahre Wirklichkeit, nachdem der Schleier der Illusion von den Augen gefallen ist.

Oben: Jamyang Khyentse Chokyi Lodro.

Unten: Dilgo Khyentse Rimpoche

Die erste edle Wahrheit ist die Erkenntnis, daß das Leben seiner Natur nach leidvoll ist. Wir erleben Schmerz und Tod; wir verlieren Dinge und Menschen, die wir lieben, und was wir nicht lieben, kommt zu uns; und wir haben keine Macht über diesen endlosen Wandel. Die zweite edle Wahrheit weist darauf hin, daß die Ursache des Leidens nicht die unbefriedigende Welt, sondern unsere Reaktion darauf ist. Wir leiden, weil wir begehren, was wir nicht haben, und hassen, was wir haben – daran sind nicht die Dinge schuld. Die dritte edle Wahrheit versichert, daß wir das Leiden überwinden können, und die vierte zeigt uns den richtigen Weg: Wir müssen Einstellungen und Verhaltensweisen ändern, die auf Verwirrung und Unwissenheit beruhen.

DIE ENTWICKLUNG DES TIBETISCHEN BUDDHISMUS

In jeder Kultur, in die der Buddhismus sich ausgebreitet hat, von Sri Lanka bis Japan, ist das gleiche Phänomen zu beobachten: Buddhisten schmähen die lokalen Götter nicht und merzen sie nicht aus, sondern sie machen sie einfach für sich nutzbar. Die Menschen können also ihre traditionellen religiösen Symbole weiter verwenden, wenn auch innerhalb eines höher entwickelten Wertsystems. Tibet ist hier keine Ausnahme.

STEPHEN BATCHELOR

Der Buddhismus kam im 7. Jahrhundert aus Indien nach Tibet. Das ist vor allem Trisong Detsen zu verdanken, der unter anderem den großen Meister Padmasambhawa einlud, den Tibetern das Dharma zu bringen. Danach erlebte der Buddhismus eine Blütezeit bis zur Mitte des 9. Jahrhunderts und nahm Elemente der tibetischen Bonreligion in sich auf. Dann führte König Langdarma einen Feldzug gegen den Buddhismus, für den ein dunkles Zeitalter begann. Erst im 11. Jahrhundert erlebte er eine Wiedergeburt, die hauptsächlich der große Meister Atisha und der Yogi Milarepa, einst Anhänger der schwarzen Magie, bewirkten. Die Legende erzählt, Milarepa habe jahrelang in einer einsamen Höhle meditiert und nur Nesseln verzehrt (darum ist er auf Gemälden oft mit grüner Haut zu sehen).

Man teilt den Buddhismus oft in drei "Fahrzeuge" ein, die sich nach dem Tode Buddhas entwickelten. Das Hinayana entstand zuerst und wird heute noch im Theravada von Sri Lanka, Thailand und Burma praktiziert. Obwohl es häufig – etwas irreführend – als "kleines Fahrzeug" bezeichnet wird, enthält es die grundlegenden Lehren des historischen Buddha. Das Mahayana ent-

Oben: Japanische Mönche in der Friedenspagode im Battersea-Park, London.

wickelte sich aus dem Hinayana und berücksichtigte vor allem die Entwicklung auf dem Gebiet der Ethik und der Philosophie in Indien.

Das Vajrayana oder Tantra ist eine weitere Stufe. Es vereinigt Symbolik, den Gedanken der Transformation und die Nutzung der subtilen Körperenergien und macht daraus einen "schnellen Weg". Die anderen beiden Wege führen durch viele Leben zur Erleuchtung, zur Buddhaschaft; aber wer Tantra praktiziert, kann noch in diesem Leben erleuchtet werden.

Der tibetische Buddhismus schließt sowohl Mahayana als auch Tantra ein und besteht aus vier Schulen. Aber der Dalai Lama weist zu Recht darauf hin, daß das Mahayana sich aus dem Hinayana entwickelt hat und dieselbe Lehre enthält – daher ist das Hinayana der Ausgangspunkt.

Man muß viel lernen, bevor man die Sutras studieren kann (das sind Texte über die Lehre Buddhas, die etwa 500 Jahre nach seinem Tod niedergeschrieben wurden), und man muß meditieren lernen, um einen klaren Geist zu erlangen und sich konzentrieren zu können, ehe man sich mit fortgeschritteneren tantrischen Übungen befaßt. Wie bei allen "Schnellverfahren" ist große Umsicht erforderlich. Wer nicht genügend vorbereitet ist, muß mit psychischen Störungen rechnen.

Das Mahayana wirkt vor allem wegen Bodhicitta anziehend, dem Wunsch, allen lebenden Wesen zur Erleuchtung zu verhelfen, bevor man selbst ins Nirwana eingeht. Wer diesen Entschluß gefaßt hat, ist ein Bodhisattva.

Ich versuche, in meinem Leben dem Bodhisattva-Ideal zu folgen. Für Buddhisten ist ein Bodhisattva, wer sich auf dem Weg zur Buddhaschaft befindet, aber sich voll und ganz der Aufgabe widmet, alle anderen empfindenden Wesen vom Leiden zu erlösen. "Bodhi" ist die Erkenntnis der wahren Wirklichkeit, und ein "Sattva" wird von grenzenlosem Mitgefühl geleitet. Das Bodhisattva-Ideal ist also der Wunsch, unendliches Mitgefühl mit unendlicher Weisheit zu verbinden.

DER 14. DALAI LAMA

Rechts: ***Mani-Steine (mit eingekerbten Mantras) und Chortens in Sanskar.***

Unten: ***Junge Mönche in zeremoniellen Kutten und mit Trommeln.***

Ganz rechts: ***Ein maskierter Tänzer***

Rechts: ***Gebetsfahnen umgeben die Residenz des Dalai Lama.***

Großes Bild: Buddhastatue mit Opferschalen und Butterlampen, Gyume Gompa, Lhasa, 1974.

Oben: Felsenbild von Lama Tsongkhapa.

Links: Mönche beim Sprechgesang im Jokhang-Tempel, Lhasa.

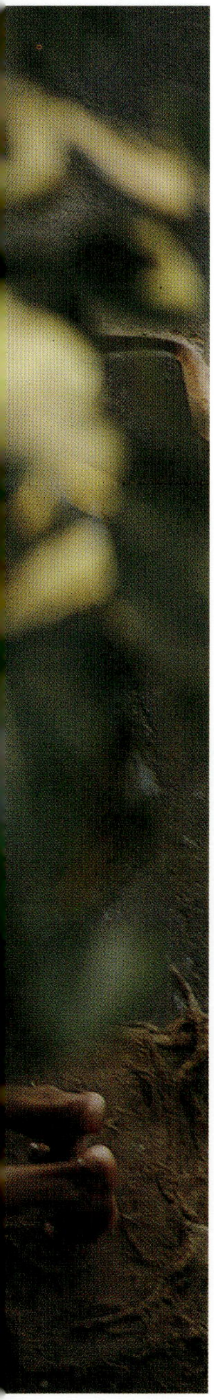

DER TIBETISCHE BUDDHISMUS HEUTE

Das chinesische Regime in Tibet hat die buddhistische Religion zwar wieder zugelassen, aber nur in begrenztem Umfang. Darum schlägt das Herz des tibetischen Buddhismus heute in den führenden Klöstern in Indien am kräftigsten. Einige der größten Lamas aus Tibet leben noch und lehren dort; sie geben den tibetischen Buddhismus unverfälscht an ihre Schüler weiter, von denen viele das Land, mit dem sie sich identifizieren, nie gesehen haben. Die Klöster gedeihen in Indien gut; doch der Wohlstand, den sie in Tibet genossen, ist wohl für immer dahin.

Ein Besuch im Kloster Drepung Loseling in Mundgod ist wie ein Besuch in einer anderen Welt. Man ist weder im Westen noch in Indien. Fröhliche junge Mönche blicken kurz auf, wenn man eintritt; aber heutzutage sind ausländische Gäste nicht mehr ungewöhnlich. Es kann sein, daß einer der Mönche mit einem Formular auf den Besucher zugeht und um eine Patenschaft bittet. Das Kloster ist nicht in der Lage, alle Mönche ausreichend zu unterstützen. Laute Stimmen und Händeklatschen locken den erstaunten Gast in den Hof, wo über die Natur des Geistes diskutiert wird. So eine Debatte ist faszinierend, selbst wenn man die Sprache nicht versteht.

Hörner blasen laut, und plötzlich eilen alle in den Haupttempel zum Abendgebet. Drinnen umrahmen Vorhänge in hellen Farben die Bilder der Gottheiten, von denen einige die Erleuchtung symbolisieren, während andere mit ihren furchterregenden Fratzen die Dämonen der Lust und des Anhaftens abschrecken sollen. Der typisch tibetische Sprechgesang erfüllt den Tempel, vermischt mit dem Klang von Hörnern, Becken und Knochentrompeten.

Ein hoher Lama nimmt auf einem Thron Platz und lächelt die Mönche in ihren kastanienbraunen Kutten an. Er strahlt eine Autorität aus, die tiefen Respekt einflößt. Sobald er zu sprechen beginnt, verstummen die Mönche, und einige schreiben die kostbaren Worte der Weisheit in ihre schäbigen Notizbücher.

Wenn man die Augen schließt, umschmeichelt Weihrauchduft die Sinne, und man hat fast das Gefühl, in Tibet zu sein.

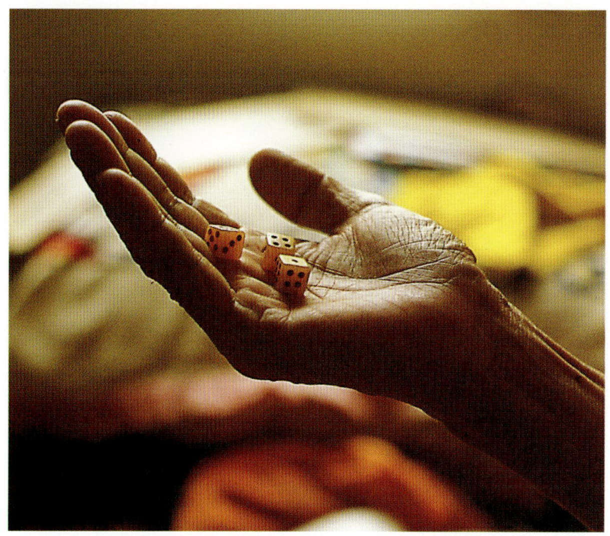

Großes Bild: ***Ein Mönche wirft sich demütig nieder, ein anderer studiert. Bodhgaya, 1973.***

Links oben: ***Ein typischer tibetischer Altar in Manali, Nordindien.***

Links unten: ***Ein Lama benutzt Würfel, um das Mo, ein traditionelles Orakel, zu befragen.***

10

Die vier wichtigsten Schulen des tibetischen Buddhismus

Ihre Isolierung auf dem Dach der Welt ermöglichte es den Tibetern, das indische Mahayana und Tantra mehr als tausend Jahre lang zu bewahren und eine einzigartige spirituelle Kultur zu entwickeln.

JOHN SNELLING

Die vier Hauptschulen des tibetischen Buddhismus mit ihren Sekten haben eine gemeinsame Grundlage: die Philosophie des Mahayana. Wie bereits erwähnt, enthält das Mahayana die fundamentale Lehre des Hinayana, aber auch zusätzliche Elemente wie das Bodhisattva-Ideal.

Zum Mahayana-Buddhismus zählen auch der Zen-Buddhismus in Japan und Korea sowie das chinesische Ch'an, das dem Zen ähnelt. Jede Schule steht unter dem Einfluß der Kultur und der alten Religionen des Landes, in dem sie entstanden ist, und das macht den tibetischen Buddhismus so einzigartig.

Obwohl der indische Buddhismus im Laufe der Jahrhunderte fast verschwunden ist, erlebte der Buddhismus seine erste Blütezeit in Indien, dem Ursprung des Mahayana.

Manche Anhänger des Hinayana konzentrierten ihre Energie allein auf die eigene Erleuchtung und vernachlässigten das Leiden in der Welt. Darum entwickelte sich eine neue Schule, für die das Mitgefühl vorrangig ist und die alle Wesen vom Leiden befreien und glücklich machen will.

Ich möcht den Lesern ein kurzes Gebet mitgeben, das mich sehr inspiriert und stärkt:
"Solange die Welt besteht
und solange es lebende Wesen gibt,
solange will auch ich bleiben,
um die Welt vom Leiden zu befreien."

DER 14. DALAI LAMA

Dieser Gedanke steht heute noch im Mittelpunkt des tibetischen Buddhismus, und der Dalai Lama gilt als Verkörperung von Chenrezig, dem Buddha des Mitgefühls. Wenn Sie Tibet oder eine tibetische Exilgemeinde besuchen, finden Sie das Mantra "Om Mani Padme Hum" in Felsen gekerbt an Straßen und Wegen. Ein Mantra ist das Lautsymbol eines spirituellen Ideals, das auch als Gottheit oder Mandala dargestellt wird. Die

Links: ***Weihrauch und Zettel mit Gebeten vor dem Jokhang-Tempel in Lhasa.***

Tibeter murmeln Mantras vor sich hin, während sie ihrer Arbeit nachgehen, und oft zählen sie die Rezitationen mit Gebetsperlen.

Daß sich im tibetischen Buddhismus verschiedene Schulen entwickelt haben, hat eher historische Gründe und ist nicht so sehr auf Unterschiede in der Lehre

Rechts: *Der Dalai Lama mit den Oberhäuptern der vier Hauptschulen des tibetischen Buddhismus in den sechziger Jahren in Indien.*

zurückzuführen. Alle haben vieles gemeinsam, und ihre Grenzen sind fließend. Jede Schule hat jedoch ihre eigenen Bodhisattvas und Meister, die ihr ein besonderes Flair verleihen, und jede hat eine authentische, einzigartige Tradition.

DIE NYINGMAPA SCHULE

Nyingmapa ist die älteste der vier Traditionen. Ihr Ursprung läßt sich bis ins späte sechste und frühe siebente Jahrhundert zurückverfolgen. Die Lehre wird Padmasambhawa, einer legendären Gestalt dieser Zeit, zugeschrieben.

Der damalige Herrscher, König Trisong Detsen, bat ihn und Shantarakshita, einen großen indischen Philosophen, ein Kloster zu gründen und tibetische Mönche zu ordinieren. Padmasambhawa ist eine halbmythische Gestalt, die in der tibetischen Volksreligion

wegen der Mythen überlebte, die sich um sie ranken.

Da Padmasambhawa nicht auf natürlichem Weg geboren wurde, nannte man ihn "den aus dem Lotus". Uddiyana, das wahrscheinlich in der Nähe des Swat-Tales in Pakistan lag, litt unter einer schlimmen Dürre. Darum ließ Amitabha, der Buddha des ewigen Lebens, seiner Zunge spontan einen roten Lichtstrahl entspringen und richtete ihn auf die Mitte eines Sees, wo sogleich eine Lotuspflanze erblühte. Dann sandte er die Silbe *hri*, einen heiligen Laut, auf einem Lichtstrahl, der von seinem Herzen ausging, und dieses Licht verwandelte sich in einen achtjährigen Knaben, der in regenbogenfarbenes Licht gehüllt war. Der Himmel öffnete sich, und Regen machte der Trockenheit ein Ende. So kam Padmasambhawa in die Welt.

Links: Der Dalai Lama und Mönche mit den gelben Mützen der Gelugpa-Sekte.

Es gibt noch viele andere magische und wundersame Geschichten über sein Leben, so wie über die anderen großen historischen Gestalten des tibetischen Buddhismus. Padmasambhawa verbarg einen Teil seiner Lehre in Steinen und Felsen und sogar im Geist seiner Schüler, um sie zu offenbaren, sobald die Zeit dafür reif war. Diese Termas werden heute noch gelegentlich entdeckt. Die Nyingmapa-Schule ist für solche mythischen Einflüsse aufgeschlossener als die anderen Richtungen, weil sie vom Bon geprägt wurde (von der älteren, animistischen Religion Tibets).

In jüngster Zeit hat Nyingmapa viele berühmte Meister hervorgebracht, von denen einige erst vor kurzem starben, zum Beispiel Kangyur Rimpoche, Dudjom Rimpoche und Dilgo Khyentse Rimpoche. Ihre Reinkarnationen wurden identifiziert. Sie werden dafür ausgebildet, das Werk ihrer Vorgänger fortzusetzen und auf diese Art und Weise ihre Tradition zu bewahren.

Mehrere Nyingmapa-Zentren wurden in Frankreich eröffnet, und einige Europäer haben sich dort für drei Tage, drei Monate oder drei Jahre zurückgezogen, um zu meditieren.

Der wohl bekannteste moderne Vertreter der Nyingmapa ist Sogyal Rimpoche, der ihn London lebt, aber auf der ganzen Welt Zentren eingerichtet hat. Er ist der Autor des Bestsellers *Das Tibetische Buch vom Leben und Sterben* (O. W. Barth, 1993), eines nützlichen Leitfadens für Menschen, die mit Sterbenden arbeiten. Dieses populäre Buch hat viele Menschen mit dem tibetischen Buddhismus vertraut gemacht.

*Rechts: **Sogyal Rimpoche**, einer der herausragenden tibetischen Lehrer im Westen.*

Ein anderer berühmter Lama, Namkhai Norbu Rimpoche, lehrt Dzogchen, eine besondere Tradition der Nyingmapa. Dieser ehemalige Professor für Orientalistik an der Universität Neapel hat andere am tibetischen Buddhismus Interessierte inspiriert, auf der ganzen Welt Dzogchen-Gemeinden zu gründen. Dzogchen, die "Große Vollkommenheit", strebt nach Erkenntnis der wahren Wirklichkeit.

> *Dzogchen versteht sich nicht als Gipfel einer Hierarchie von Ebenen, und es ist kein allmählich ansteigender Weg... Dzogchen taucht unmittelbar in die nichtdualistische Kontemplation ein, um dort zu bleiben.*
>
> NAMKHAI NORBU RIMPOCHE

Namkhai Norbu Rimpoche gilt als ungewöhnlich modern; aber der Geist der Anarchie wehte schon immer durch die älteste der tibetischen buddhistischen Schulen, die auch stets zu Magie und Ritualen neigte. Nyingmapa-Lamas waren oft Yogis, die als Einsiedler in Höhlen lebten, oder sie zogen als Heiler und Lehrer durchs Land. Nicht alle Lamas sind zölibatäre Mönche; viele von ihnen heiraten und haben Kinder. Die Überlieferung kennt auch einige hochgeschätzte Nonnen.

DIE SAKYAPA SCHULE

Die Sakyapas erlebten ihre Blütezeit vor mehreren Jahrhunderten. Heute sind sie zwar immer noch sehr lebendig, aber nicht so populär wie die drei anderen Schulen. Um 1240 sah es noch anders aus. Damals lud der mongolische Kriegsherr Prinz Godan Khan, ein Enkel Dschingis Khans, den Sakya Pandita ein, sein Volk im Buddhismus zu unterrichten.

> *Ich, der mächtigste und reichste Prinz Godan, möchte Sakya Pandita davon unterrichten, daß wir einen Lama brauchen, der mein unwissendes Volk über Moral und Spiritualität belehrt ... Da du der einzige Lama bist, den ich ausgewählt habe, akzeptiere ich keine Ausrede, weder dein Alter noch die beschwerliche Reise.*

Eine solche Anordnung konnte Sakya Pandita nicht mißachten, und darum machte er sich auf den Weg in die Mongolei. Damit begann die besondere Beziehung zwischen Tibet und der Mongolei; der grausame Prinz und seine Gefolgsleute mäßigten sich, und ein Mönch erlangte politischen Einfluß. Zum erstenmal waren die weltliche und die religiöse Macht in Tibet vereint.

Der Aufstieg der Sakyapas gefiel den anderen buddhistischen Schulen in Tibet verständlicherweise nicht, schon gar nicht den Kagyüpas, die etwa zur selben Zeit wie die Sakyapas entstanden waren, nämlich im 11. Jahrhundert, als zum zweitenmal indische Buddhisten in Tibet missionierten.

Das geistige Band zwischen Tibet und der Mongolei festigte sich unter Phagpa, dem Neffen von Sakya Pandita, und Kublai Khan, der Godan beerbte, und es hielt bis in unser Jahrhundert, wenn auch die Sakyapas im 14. Jahrhundert von der neuen Gelugpa-Schule abgelöst wurden.

In ihrer Blütezeit hatten die Sakyapas großen religiösen und politischen Einfluß. Eine ihrer wichtigsten Lehren ist die von den drei Anschauungen. Sie basiert auf einem Text von Sachen Künga Nyingpo, einem der fünf großen Sakyapa-Meister, die im 11. Jahrhundert lebten. Der Text beruft sich auf das Lamdre, eine Tantralehre, die drei Anschauungen kennt: die eines gewöhnlichen Menschen, die eines religiösen Menschen, der bereits Einblick in die Wirklichkeit hat, und die eines vollkommen erwachten Meisters, der alles durchschaut.

Sakya Trizin wurde 1945 in Tibet geboren und ist derzeit das 41. spirituelle Oberhaupt der Sakyapas. Er gilt als Emanation von Manjushri, dem Bodhisattva der Weisheit.

Sakya Tanzin spricht ausgezeichnet englisch; er reist viel und hält oft vor tibetischem und westlichem Publikum Vorträge. In Großbritannien gibt es mehrere Sakyapa-Zentren unter der Leitung von Ngakpa Jampa Thaye, einem britischen Lehrer dieser Schule.

Oben: Der Dalai Lama mit Sakya Trizin, dem Oberhaupt der Sakyapa-Schule.

DIE KAGYÜPA SCHULE

"Kagyu" bedeutet "mündliche Überlieferung". Die Kagyüpas sind wie die Nyingmapas mehr an Riten und Mystik interessiert als die eher gelehrsamen Gelugpas. Die Kagyüpa-Tradition entstand im 11. Jahrhundert, und ihr erster führender Vertreter war Tilopa, der buddhistischer Lehrer eines Königs. Seine Aufgabe füllte ihn nicht aus, und schließlich floh er und lebte auf Friedhöfen, in Lumpen gekleidet und als Bettler, um frei zu sein und meditieren zu können. Er wurde als großer, wenn auch etwas furchteinflößender Yogi berühmt.

Tilopas Hauptschüler war der brillante Gelehrte Naropa, dem eine alte Frau in einer Vision vorwarf, er verstehe nur Worte, nicht aber die eigentliche Bedeutung der Lehre. Sie riet ihm, ihren Bruder Tilopa zu suchen und von ihm zu lernen. Als Naropa den Meister nicht fand, geriet er in Verzweiflung und hätte sich fast das Leben genommen. Plötzlich erschien Tilopa und empfahl ihm, solche Situationen als Lektionen zu verstehen und nicht Hilfe in der äußeren Welt zu suchen. Die nächste Lektion erteilte er ihm erst ein Jahr später; dennoch diente Naropa seinem Meister voller Hingabe.

Dann führte Tilopa seinen Schüler auf das Dach eines Tempels und sagte, ein echter Schüler müsse bereit sein hinabzuspringen. Naropa sprang sofort und erlitt große Schmerzen, als er unsanft auf dem Boden landete. Danach unterrichtete Tilopa ihn im Tantra, unterwarf ihn aber einmal im Jahr weiteren "Lektionen". Solche Geschichten sind im tibetischen Buddhismus weit verbreitet. Sie lehren, daß alle Erscheinungen Illusionen sind und daß wir hart arbeiten und manchmal schmerzliche Transformationen erdulden müssen, um erleuchtet zu werden.

Marpa, ein berühmter Übersetzer, brachte die Kagyüpa-Lehre nach Tibet. Sein größter Schüler war Milarepa, der wohl bedeutendste tibetische "Heilige". Er war zunächst ein mächtiger Magier, der Menschen tötete, bereute aber seine Taten und suchte Marpa auf. Milarepa mußte viel leiden, um die Unterweisungen zu erhalten, nach denen er sich sehnte, und er beschloß sein Leben in einer einsamen Höhle. Er war ein Meister der Meditation und lockte viele Schüler an. Wenn man ihn darum bat, legte er die Lehre dar; doch er weigerte sich, ein Kloster zu gründen oder seiner Lehre eine Form zu geben.

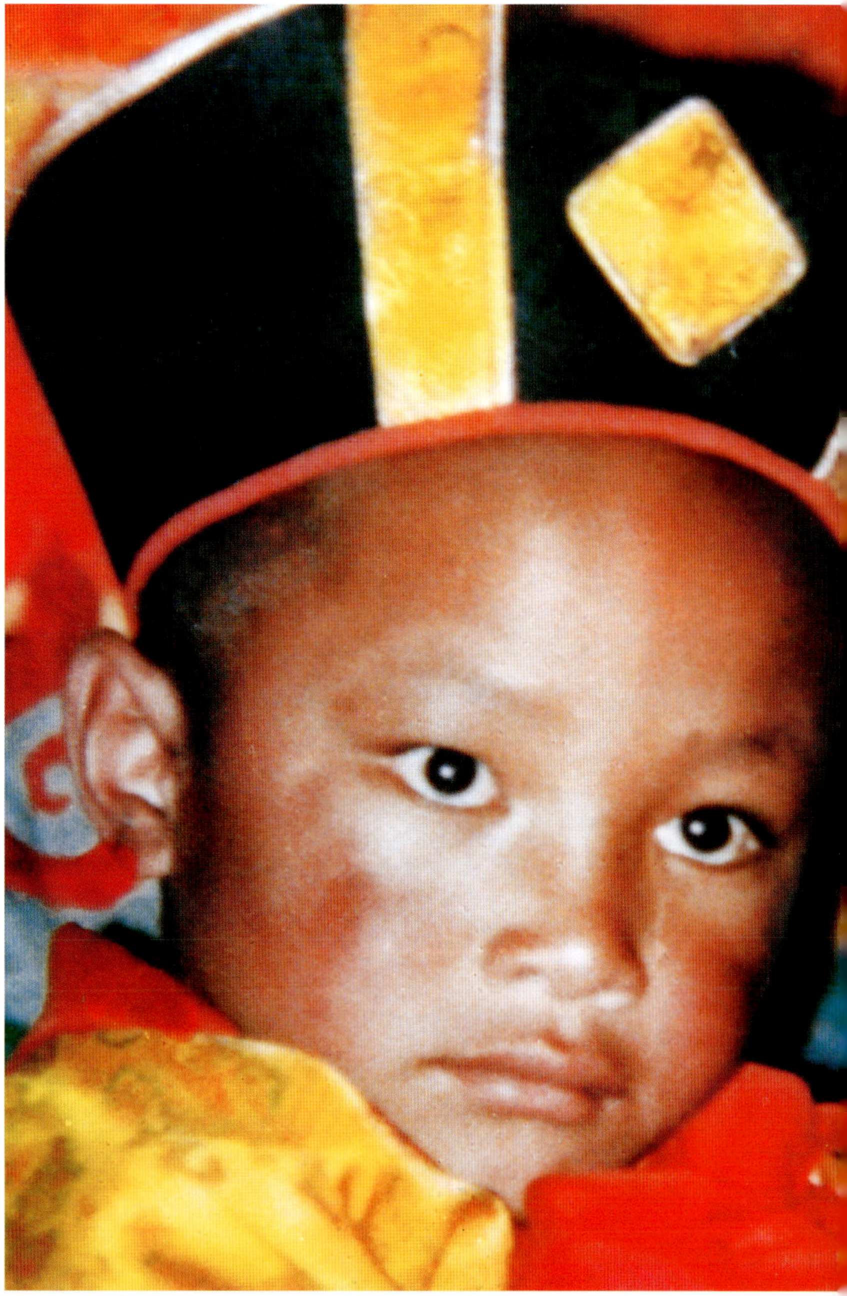

Rechts: ***Der 17. Karmapa, den die chinesische Regierung anerkannt hat.***

Die Karmapas sind die Oberhäupter der Kagyüpa-Schule. Der 16. Karmapa starb 1981, der 17. Karmapa ist noch ein Junge, und die chinesische Regierung erkennt ihn an. Es ist das erstemal, daß die Chinesen die Reinkarnation eines hohen Lamas formell anerkannt haben. Ugyen Tinley wurde 1992 im Alter von acht Jahren im Kloster Tsurphu – der traditionellen Residenz der Karmapas – feierlich eingesetzt.

Das erste Zentrum des tibetischen Buddhismus in Europa gründeten Chogyam Trungpa Rimpoche und Akong Rimpoche im schottischen Hochland. Chogyam Trungpa Rimpoche war ein brillanter Lehrer, der viele Schüler aus dem Westen anzog. Er ist allerdings umstritten, weil er die "freie Liebe" und psychedelische Drogen zuließ. Er brach sein Mönchsgelübde, heiratete und zog in die USA, wo er weitere Zentren gründete. 1987 starb er im Alter von 48 Jahren an einer Krankheit, die mit Alkoholismus zusammenhing.

Dennoch legen seine wichtigen Bücher, etwa *Spirituellen Materialismus durchschneiden* (Theseus, 1996) und blühende Zentren Zeugnis davon ab, daß er trotz seiner unorthodoxen Methoden viel zu bieten hatte. Seine Lebensweise erinnerte freilich eher an das mittelalterliche Tibet.

Wie die Nyingmapas haben auch die Kagyüpas in Frankreich Erfolg und besitzen im Westen wohl mehr Zentren als jede andere Schule. Samye Ling gedeiht unter Akong Rimpoche weiter. Ein anderer berühmter Kagyüpa-Meister war Kalu Rimpoche, der in den achtziger Jahren starb, nachdem er in über vierzig Ländern gelehrt und etwa hundert Zentren gegründet hatte.

Die wichtigste Lehre der Kagyüpas ist Mahamudra, das "Große Symbol" oder "Große Siegel". Dabei versucht der Meditierende, ein natürliches, entspanntes Gleichgewicht zu finden.

Einerlei, wie verwirrt wir sind, es gibt einen Tanzboden der Erfahrungen, der allen zur Verfügung steht ... einen grundlegenden Geisteszustand, der klar, rein und natürlich ist. Die Herstellung dieses Zustandes nennen wir Mahamudra.

CHOGYAM TRUNGPA RIMPOCHE

DIE GELUGPA-SCHULE

Diese "Schule der Tugendhaften" wurde im 14. Jahrhundert von Tsongkhapa, einem brillanten und frommen Mönch gegründet, der dem tibetischen Buddhismus wieder seine ursprüngliche Reinheit geben wollte. Das Bündnis zwischen Religion und Politik hatte im Laufe der Jahrhunderte zu einem Niedergang des klösterlichen Lebens geführt. Tsongkhapa bekräftigte die grundlegende Bedeutung der Vinaya, der Ordensregeln, die zur Zeit des Buddha festgelegt worden waren. Außerdem legte er großen Wert auf das intensive Studium der Sutras, der heiligen Texte, als Voraussetzung für fortgeschrittenere Tantrapraktiken.

Links: Kalu Rimpoche, ein berühmter Kagyüpa-Lehrer unserer Zeit.

Tsongkhapa, ein Kenner der drei anderen Schulen, destillierte ihre Essenz heraus und schuf daraus eine Synthese – die Gelugpa-Schule. Er baute viele Klöster, darunter auch Ganden, und führte das Monlam ein, eine jährliche Gebetsfeier in Lhasa, die von den Chinesen vor kurzem verboten wurde. Er war ein brillanter Rhetoriker und berichtigte einige Fehler, die sich in die Lehre eingeschlichen hatten. Obwohl Tsongkhapa keine so schillernde und ungestüme Persönlichkeit wie einige andere große "Heilige" Tibets war, wird er wegen seiner Verdienste um den tibetischen Buddhismus ebenso verehrt.

Er schrieb den Lamrim Chenmo, den "Stufenweg zur Erleuchtung", der auch als "Mittlerer Weg" bekannt ist und alle vorbereitenden Übungen und Prinzipien des Buddhismus einschließt, zum Beispiel Vertrauen zum Meister, Meditation über die Vergänglichkeit und die Erkenntnis, wie kostbar eine Wiedergeburt als Mensch ist. Gründliches Studium der höllischen Ebenen – in denen viel mehr Wesen wiedergeboren werden als auf der menschlichen Ebene und die den Alpträumen des Hieronymus Bosch gleichen – fördert das Streben nach Erleuchtung.

Dies ist die wissenschaftlichste der vier Schulen, und begabte Mönche absolvieren ein systematisches Studienprogramm und erwerben den Titel eines Geshe. Für geringer Begabte gibt es eine weniger rigorose Ausbildung, ebenso für Laien, die nicht imstande sind, zwanzig Jahre lang zu studieren und zu üben.

Das derzeitige Oberhaupt der Gelugpas ist Ganden Tri Rimpoche, der alle sieben Jahre demokratisch gewählt wird. Im Westen interessieren sich einige Menschen besonders für die Gelugpa-Schule, und einige wenige absolvieren die anstrengende Geshe-Ausbildung. Es ist allerdings fraglich, ob diese in ihrer traditionellen Form einem Europäer etwas nützt.

Neben dem Dalai Lama – der vor allem Gelugpa lehrt – sind Lama Thubten Yeshe, der 1984 starb, und Lama Zopa, der noch lebt, die bedeutendsten Gelugpa-Lehrer. Lama Thubten Yeshe, dessen Spitzname "Inji" (westlicher) Lama war, lockte viele Schüler an, da er Menschen aus dem Westen anscheinend mühelos verstand und einen wundervollen, fast an Showmaster erinnernden Lehrstil pflegte. Lama Zopa, ein ruhiger und sehr religiöser Lehrer, ist für seine sehr langen Belehrungen berühmt. Er war die perfekte Ergänzung von Lama Thubten und unterrichtete oft zusammen mit ihm. Lama Yeshe reinkarnierte als spanischer Junge, der jetzt Lama Osel heißt. Er

Rechts: Lama Thubten Yeshe, einer der angesehensten Gelugpa-Meister im Westen, starb 1984.

ist das Kind zweier Schüler und der erste Lama, der im Westen reinkarnierte.

> *Als ich immer mehr Menschen aus dem Westen traf, merkte ich, daß sie intellektuell reif waren. Sie verstanden die Lehre des Buddha leicht. Ihnen fehlte jedoch die Erfahrung der Lehre; diese konnte ihnen nur die Meditation vermitteln.*
>
> LAMA THUBTEN YESHE

Ein Ableger der Gelugpa-Schule wurde kürzlich unter der Leitung von Geshe Kelsang Gyatso unter der Bezeichnung Neue Kadampa-Schule gegründet. Der Dalai Lama kritisiert, daß diese Schule einen Kult namens Dorje Shugden fördert, der einer Schutzgottheit gewidmet ist. Seiner Meinung nach ist dieser Kult sektiererisch und paßt nicht in die moderne Zeit. Geshe Kelsang Gyatso hält ihn dagegen für wichtig.

Links: ***Lama Osel auf der Treppe der Friedenspagode in London.***

DIE MEDITATION IM TIBETISCHEN BUDDHISMUS

Als buddhistischer Mönch und Lehrer hat der Dalai Lama über die Lehre des tibetischen Buddhismus und die Meditation Hunderte von Vorträgen gehalten und Lehrgespräche geführt. Die folgenden Ratschläge zur Meditation sind mehreren Unterweisungen entnommen.

Ich glaube, das Ziel unseres Lebens ist Glück. Es gibt zwei Arten von Glück: körperliches Wohlbefinden und Frieden des Geistes, und der letztere ist wichtiger. Wenn nämlich der geistige Zustand gut ist, können wir gewisse körperliche Probleme ertragen; doch wenn der Geist unruhig oder verstört ist, können wir nicht glücklich sein, selbst wenn es uns in materieller Hinsicht gutgehen sollte.

Da die geistige Erfahrung wichtiger ist als die körperliche, müssen wir herausfinden, wie wir den Geist üben können. Wir Menschen sind im allgemeinen recht intelligent, und im Laufe der Jahrhunderte haben wir Methoden der Geistesschulung entwickelt, die wir Meditation nennen.

Es gibt eine analytische Meditation, die vor allem den Verstand nutzt, und eine Meditation, bei welcher der Geist sich auf einen Punkt konzentriert. Das Hauptziel besteht in beiden Fällen darin, den Geist zu beherrschen.

Die geistige Einstellung ist im Alltag sehr wichtig. Wenn wir morgens glücklich und erfrischt aufwachen, bleibt ein Teil dieses Gefühls während des Tages erhalten, und wenn wir Probleme haben, werden wir leichter damit fertig. Wenn wir jedoch unglücklich sind oder einen Alptraum hatten, kann selbst ein kleines Problem uns belasten.

Glück können wir nicht im Supermarkt kaufen wie die vielen materiellen Dinge, die wir haben wollen. Viele Probleme unserer Zeit entstehen, weil wir die Bedeutung menschlicher Grundwerte nicht erkennen und uns nicht um den Geist kümmern – wir sind zu oft im Supermarkt!

Darum ist Meditation sehr wichtig, um den Geist zu schärfen oder zu transformieren.

DIE MEDITATION IM TIBETISCHEN BUDDHISMUS

Nach meiner geringen Erfahrung als einfacher buddhistischer Mönch wird mein Geist durch die Meditation ruhiger, obwohl die Probleme und meine Verantwortung wachsen, während ich älter werde. Ich hoffe, daß nicht körperliche Schwäche daran schuld ist! Gewiß, ich muß Probleme lösen; aber meinen geistigen Frieden kann kaum etwas stören. Das verdanke ich der Meditation.

Es wird immer Konflikte unter den Menschen geben. Selbst eine Idee, die ein Mensch morgens hat, kann einer Idee widersprechen, die ihm abends kommt. Darum ist die Meditation auch für unreligiöse Menschen nützlich – sie trainiert eben den Geist. Da der Mensch Intelligenz und kritische Vernunft besitzt, ist die analytische Meditation wirksamer. Das ist eine sehr gesunde Eigenschaft: diese skeptische Einstellung, das Suchen nach Gründen, das Experimentieren, das Sammeln von Erfahrungen. Sowohl im Buddhismus als auch in der Wissenschaft ist die Vernunft unentbehrlich.

Meditation als Konzentrationsübung beruhigt den Geist, ist aber langfristig gesehen weniger wirksam. Beide Methoden gemeinsam sind jedoch äußerst effektiv: Wenn wir eine Situation analysieren und uns dann auf bestimmte Punkte konzentrieren, wird die Meditation tiefer und kraftvoller. Darum müssen wir auch die Konzentration üben.

Es ist am besten, morgens an einem ruhigen Platz zu meditieren; denn wir üben den Geist mit dem Geist, nicht mit einem äußeren Mittel. Darum muß der Geist frisch und wach sein. Am Abend sind wir müde und können unsere geistigen Fähigkeiten nicht optimal nutzen.

Anfänger sollten zuerst versuchen, sich von der äußeren Welt zurückzuziehen. Der Geist wohnt im Körper und soll dort auch bleiben; aber der Geist neigt dazu, nach außen zu schauen, zu kritisieren, sich nicht um sich selbst, sondern um andere Dinge kümmern. Deshalb geben wir ihm einen neuen Auftrag: sich selbst von

innen her zu betrachten. Manchmal ist es hilfreich, anfangs die Augen zu schließen; aber am besten ist es, sie offen zu lassen, ohne sich darum zu kümmern, was sie sehen.

Wir beschließen, uns nicht von unseren Sinnen ablenken zu lassen. Wenn sie äußere Objekte wahrnehmen, sollte der Geist ihnen nicht folgen. Wir dürfen auch nicht über die Vergangenheit oder die Zukunft grübeln; wir müssen im Jetzt bleiben.

Wir können auch versuchen, einige Momente nicht zu denken, uns leer zu fühlen, dem tiefen Meer zu gleichen. Die Wellen auf der Oberfläche kommen und gehen, so wie die Gedanken kommen und gehen – aber wir brauchen ihnen nicht zu folgen. Das ist nicht leicht, aber Beharrlichkeit lohnt sich. Wenn es zu schwierig ist, können wir einfach die Augen schließen und uns entspannen. Das ist nicht sehr effektiv; doch es wirkt beruhigend.

Lassen Sie den Geist nach seinem eigenen Rhythmus fließen, ohne ihn zu beeinflussen. Lassen Sie ihn in seinem natürlichen Zustand ruhen, und beobachten Sie ihn. Das ist anfangs recht schwierig, aber mit der Zeit kommt Ihnen der Geist wie klares Wasser vor. Lassen Sie ihn unbeeinflußt, und produzieren Sie keine Ideen oder Vorstellungen. Wenn Sie diese Natur des Geistes erkannt haben, können Sie analytisch meditieren.

Anfangs sollten Sie nicht zu lange meditieren, da Sie sonst ermüden. Meditieren Sie etwa fünfzehn Minuten, nicht länger. Wichtig ist die Qualität der Meditation, nicht ihre Dauer. Wenn Sie zu lange meditieren, werden Sie schläfrig, und der Geist wird träge – und Sie gewöhnen sich allzu schnell an diesen Zustand beim Meditieren. Das ist nicht nur reine Zeitverschwendung, sondern auch eine Gewohnheit, die sich schwer überwinden läßt.

Wenn Sie nach einer langen Meditation das Gefühl haben, sie sei kurz gewesen, so ist dies ein Zeichen dafür, daß sie gute Fortschritte machen. Wenn eine kurze Meditation Ihnen lang vorkommt, sollten Sie allerdings die Meditationszeit kürzen. Das ist für Anfänger sehr wichtig.

11

Einführung in das Vajrayana

Es wäre falsch zu leugnen, daß einige Praktiken des Tantra rätselhafte Phänomene auslösen... Durch die Schulung des Geistes erwerben wir Fähigkeiten, welche die Wissenschaft noch nicht vollständig erklären kann.

DER 14. DALAI LAMA

Großes Bild: ***Eine Pilgerin dreht eine Gebetsmühle.***

Unten: ***Die Hand von Padmasambhawa mit einem Dorje.***

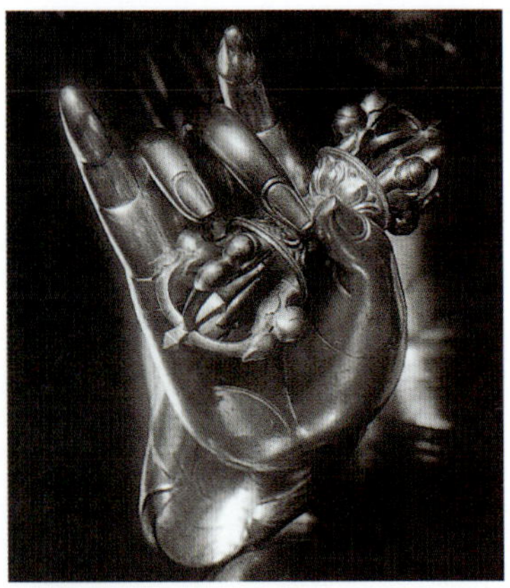

Vajrayana oder Tantra wird manchmal "die dritte Drehung des Rades der Lehre" genannt. Die erste Drehung war die Lehre des Buddha und deren anfängliche Deutung im Hinayana. Die zweite war das Mahayana, das dem Buddhismus neue Kraft verlieh.

Vajrayana war ebenfalls ein neuer Trend, jedoch beeinflußt vom Tantra der alten Hindus. Als es sich entwickelte, befand der Buddhismus sich in Indien im Niedergang, und manche behaupteten, dies sei die Schuld des Tantra. Die Einführung des Tantra in Tibet hat jedoch alle Schulen des tibetischen Buddhismus inspiriert und bereichert.

In Tibet wurde der Ausdruck "Vajrayana" geprägt. Ein Vajra, tibetisch Dorje, ist im Hinduismus ein Blitz oder der Donnerkeil Indras. Im tibetischen Buddhismus ist Dorje ein Diamant und eines der heiligen Symbole der tantrischen Riten. Nach einer Legende soll Buddha selbst Tantra gelehrt haben, jedoch nur vor Bodhisattvas, weil sie sich bereits auf dem Pfad zur Erleuchtung befinden und diese machtvolle, esoterische Lehre verstehen.

Vajrayana ist also nicht für Anfänger geeignet! Wer es praktizieren will, muß mit den Grundlagen des Buddhismus – Ethik und Mitgefühl – gut vertraut sein und sich darin geübt haben; er muß Sunyata verstehen (die Philosophie, nach der alle Phänomene, auch das Selbst, leer, also unwirklich sind), und er muß den Geist durch Meditation geschult haben.

Wer dieses Stadium erreicht hat, braucht einen Lama oder Guru, der ihn in eine bestimmte tantrische Praxis einweiht und sein spiritueller Führer ist. Wie bereits erwähnt, sind manche Lehrer ziemlich ungestüm und verhalten sich nicht so, wie wir es erwartet hätten – Tilopa fordert Naropa auf, von einem Dach zu springen – und das Tantra verlangt, daß man seinem Lehrer vertraut und

ihn als Buddha betrachtet. Das ist ein heikles Dilemma; aber die Lehre sagt auch, daß Schüler sich erst nach einiger Zeit für einen Lehrer entscheiden, ihn prüfen und von seinen Fähigkeiten überzeugt sein müssen, ehe sie ihm folgen.

Warum verhalten diese Lehrer sich so? Die Tibeter sind der Meinung, daß erleuchtete Lehrer nicht mehr an die konventionelle Moral gebunden sind und "verrückte Weisheit" praktizieren.

Der tantrische Buddhismus verlangt vom Schüler, sich dem Lehrer völlig unterzuordnen und seinen Rat ohne Zögern zu befolgen. Einerlei, wie ungewöhnlich das Verhalten des Lamas sein mag; der Schüler muß es als erleuchtetes Handeln eines Buddha betrachten.
Darum beurteilt ein Schüler Chogyam Trungkas Alkoholismus und seine sexuellen Ausschweifungen nicht nach den Maßstäben gewöhnlicher Sterblicher; denn ihm wurde gelehrt, sie als Manifestation eines Mahasiddhas [eines großen Yogis] anzusehen.

STEPHEN BATCHELOR

Der Dalai Lama empfiehlt Schülern, ihren Lehrer sorgfältig auszuwählen und sich dabei einige Jahre Zeit zu lassen. Das ist ein kluger Rat, weil Tantra tägliche Meditation unter der Anleitung eines Meisters voraussetzt.

Links: Mönche mit Tormas (Opfergaben, die aus Butter und Gestenmehl geformt sind) und einem Weihrauchbrenner.

Rechts: Auf diesem Thanka ist die grüne Tara, umgeben von ihren anderen Manifestationen – den 21 Taras – zu sehen.

TANTRISCHE GOTTHEITEN

Tantra will Körper, Sprache und Geist durch spezielle Yogaübungen in den Körper, die Sprache und den Geist eines erleuchteten Buddha transformieren.

JOHN SNELLING

Dennoch ist das Vajrayana ein ebenso gültiger und brauchbarer Weg wie jede andere buddhistische Schule. Buddha lehrte auf vielen verschiedenen Ebenen, um auf die Bedürfnisse aller Menschen einzugehen. Darum ist Vajrayana nicht für alle geeignet. Es lohnt sich, einen buddhistischen Lehrer um Rat zu fragen, bevor man sich darauf einläßt.

Für jene, die sich dafür eignen, öffnet Vajrayana die Tür zu einer magischen und metaphysischen Welt, die reich an Riten und Symbolen ist.

Vajrayana wird auch "göttlicher Dienst" genannt. Der tibetische Buddhismus kennt viele Gottheiten, von denen einige den Frieden der Erleuchtung symbolisieren, wie man an ihrem heiteren, rätselhaften Lächeln sieht. Tara, ein weiblicher Buddha, ist sehr beliebt, entweder als grüne Tara mit einem ausgestreckten Fuß, bereit aufzuspringen und jedem zu helfen, der nach dem Spirituellen strebt, oder als weiße Tara, deren friedliches Antlitz langes Leben symbolisiert. Diese wohlwollenden Götter sind wahrscheinlich sympathischer und leichter zu verstehen als jene, die wie zornige Dämonen aussehen. Auch diese wütenden Gottheiten sind jedoch ein Teil des Ganzen.

Als ich in Kalimpong an der Grenze zwischen Indien und Bhutan war, begegnete ich zum erstenmal einer Horde zorniger Götter. Ich ging einen langen Steilhang hinauf und sah hoch über mir ein Kloster in den Himmel ragen. Es schüchterte mich schon ein, ehe ich es betreten

Unten: Ein Tantra-Schüler macht Mudras mit einem Vajra und einer Glocke.

hatte, und als ich die Tür öffnete, trat ich in einen Tempel, der vom Boden bis zur Decke mit Wandbildern bedeckt war. Sie stellten Szenen aus höllischen Ebenen dar, aber auch jede vorstellbare grimmige Schutzgottheit. Ich ging im Altarraum umher und warf ab und zu einen Blick über die Schulter, um mich zu vergewissern, daß kein Dämon auf mich zukroch!

Kurze Zeit später fuhr ich nach Dharamsala, wo ich mich mit dem tibetischen Buddhismus vertraut machte und anfing, zu meditieren und Mantras zu sprechen. Als ich wieder in England war, schloß ich mich einem tibetischen Zentrum an, und mehrere Jahre später riet mir mein Lehrer, mich von einem hohen Lama, der sich auf einer seiner seltenen Reisen in den Westen befand, initiieren zu lassen. Ich befolgte seinen Rat und sah während der Einweihung plötzlich das zornige Gesicht einer Gottheit in Kalimpong vor mir, das mich anstarrte.

Wie passen diese furchterregenden Gestalten in eine Religion, die den inneren Frieden sucht? Diese Frage verwirrt viele, die noch nicht tiefer in das Tantra eingedrungen sind. Aber irgendwann entdecken sie ein magisches und philosophisches, psychologisch ausgereiftes System, in dem jede Geste einer Gottheit etwas Wichtiges aussagt und jedes Ritual eine besondere Bedeutung hat. Der Buddhismus verlangt, daß wir alles, was uns auf dem Pfad zur Erleuchtung begegnet, dem Ziel nutzbar machen.

Dazu gehören auch alle Emotionen und geistigen Zustände, selbst jene, die wir normalerweise als negativ betrachten. Vajrayana leugnet oder unterdrückt diese Gefühle nicht. Wir müssen vielmehr ihre grobe Energie nutzen und dabei die Werturteile meiden, die wir fällen, wenn wir mit diesen Emotionen ungeschickt umgehen. Die Essenz des Vajrayana ist die Transformation, und wir können die Energie im Haß und in der Wut nutzen, indem wir sie in ihren erleuchteten Zustand umwandeln. Die zornigen Götter verkörpern also archetypische geistige Zustände, und ihre lebhaften Darstellungen symbolisieren die Energie dieser Zustände.

Die Stufen der spirituellen Entwicklung werden nicht psychologisch beschrieben, sondern mit Hilfe dynamischer, personalisierter Gottheiten. Wer Vajrayana praktiziert, ruft diese symbolischen Gestalten an und geht mit dem "Gott", der ihn am meisten anspricht und die Erleuchtung symbolisiert, eine lebendige Beziehung ein.

STEPHEN BATCHELOR

DIE PRAXIS DES TANTRA

Tantra schließt Rituale, Mantras, Visualisieren und konzentrierte Meditation ein. Wenn ein Lehrer Sie für geeignet und gut vorbereitet hält, können Sie sich von einem hohen Lama initiieren lassen. Zur Initiation gehört die mündliche Weitergabe der Lehre durch den Meister an den Schüler. Diese Überlieferung läßt sich ohne Unterbrechung bis zu den größten tantrischen Meistern des alten Tibet zurückverfolgen.

Die Initiationszeremonie kann dabei Stunden oder sogar Tage dauern. Der Schüler legt moralische Gelübde ab und muß sich oftmals verpflichten, das Mantra einer bestimmten Gottheit täglich zu rezitieren. Manchmal wird das Rezitieren eines heiligen Textes – Sadhana genannt – und das Visualisieren seines Inhalts verlangt.

Die Gottheit wohnt im Zentrum eines Mandalas, die ihr als spirituelles Haus dient. Mandalas sind Kreise in Rechtecken, die in ausgeklügelten Farbtönen bemalt sind und kleine Schutzgötter enthalten.

Die Meditation über ein Mandala hilft uns, das Bewußtsein zu erweitern, da es Transformation durch Erleuchtung symbolisiert. Wenn Sie über ein Mandala meditieren, werden Sie gleichsam in das Mandala "hineingezogen", und es wird zu einem dreidimensionalen Raum.

Unten: Tantrische Objekte und Gesten sind ein integraler Bestandteil des Vajrayana.

Die Gottheit – sie wird nach der Initiation Yidam oder persönliche Gottheit genannt – hat ein Mantra, d.h. einen heiligen Laut, der die erleuchteten Worte eines Buddha symbolisiert. Auch ein Mantra kann das Bewußtsein transformieren.

Die Sadhana der Gottheit enthält das Hauptmantra und erklärt, wie man die Gottheit visualisieren kann. Wenn der Schüler meditiert, rezitiert und Riten vollführt, visualisiert er sich selbst als die Gottheit, einschließlich der erleuchteten Merkmale, die sie verkörpert.

Solche Übungen sollen den Schüler mit dem Tantra vertraut machen.

"Tantra" bedeutet "Kontinuität", und wenn Sie täglich üben, können Sie Ihr noch unerleuchtetes Bewußtsein allmählich transformieren. Das erfordert jedoch jahrelanges, hingebungsvolles Üben.

Großes Bild: Ein Mönch stellt ein Sandmandala her.

Rechts: **Eine Feuer-Puja (Zeremonie) in Dharamsala.**

Dieser Prozeß der Transformation hat zwei Phasen. Zuerst müssen Sie konventionelle Ideen und Vorstellungen vom Selbst und von der Realität aufgeben ...
Anfänger machen sich systematisch mit diesem transformierten Blickwinkel vertraut, bis sie ihn in der Meditation stundenlang beibehalten können, ohne sich ablenken zu lassen.

STEPHEN BATCHELOR

Diese erste Stufe ist die Stufe des Formens. Die zweite nennt man Stufe der Vollendung. Im zweiten Stadium arbeiten die Schüler mit den subtilen Energien ihres Körpers, mit den Zentren und mit den Pfaden. Die Zentren entsprechen in etwa den Chakren des Zentralnervensystems, und einige der Pfade werden auch in der Akupunktur und Akupressur benutzt. Sie lassen sich nicht empirisch nachweisen, und dennoch ist die Existenz der Chakren und die Wirksamkeit der Akupunktur weitgehend anerkannt – ein Triumph des Geistes über die Materie.

Auf der zweiten Stufe visualisiert der Schüler die Kanäle und Zentren. Sie sind meist verknotet und verschlungen; aber wenn der Schüler Imaginations- und Atemübungen macht, kann er sie befreien, so daß die spirituelle Energie ungehindert fließen kann. Im Tod werden die Kanäle spontan frei, und der Sterbende sieht ein helles Licht. Allerdings sind die meisten Menschen sich dessen nicht bewußt.

Wer Tantra praktiziert, der weiß, daß dieses helle Licht der verborgene Urgrund der Existenz ist, und darum ist er auch bestrebt, es schon während der Meditation zu erfahren.

Das klare Licht im Tod gilt als gute Gelegenheit, die Erleuchtung zu erlangen, und darum "übt" der Tantrapraktiker, was sich zum Zeitpunkt des Todes im Geist abspielen wird.

Nach langem Üben kann der Schüler diese Erfahrung und die erleuchteten Eigenschaften der Gottheit auch außerhalb der Meditation festhalten und jene Gewohnheiten im Denken und Handeln, die ihn an die unbefriedigende äußere Welt fesseln, allmählich ablegen. Das ist also der schnelle Weg des Vajrayana. Aber Sie können ihn nicht ohne die Anleitung eines qualifizierten Lehrers gehen, weil Sie sich sonst in den dunklen Bereichen Ihres Geistes verirren.

VAJRAYANA IM WESTEN

Der positive Aspekt ist, daß die Unterwerfung unter die Autorität eines Lamas die Besessenheit vom Ich beseitigen und eine spirituellere Einstellung zum Leben fördern kann. Wenn der Lama in der Lage ist, dem Schüler spirituelle Freiheit und spirituelle Einsicht zu vermitteln, lebt die eigene, innere Autorität wieder auf. Aber die tibetischen Texte raten zu äußerster Vorsicht, ehe man eine solche Verpflichtung eingeht. Andernfalls sind Verwirrung oder gar Ausbeutung die Folge.

STEPHEN BATCHELOR

Rechts: ***Kreise in einem Quadrat sind ein typisches Merkmal eines Mandalas. Dieses stammt aus dem Dorf Purne in Sanskar.***

Als die Zahl der tibetisch-buddhistischen Zentren im Westen in den siebziger Jahren stieg – vor allem dank des Interesses der Menschen, die den tibetischen Buddhismus in Indien kennengelernt hatten –, wuchs auch das Interesse an der Esoterik.

Anfänger wollten fortgeschrittenen Schülern in diese geheimen und farbenprächtigen Gefilde folgen und demonstrierten dadurch, wie groß die kulturelle Kluft zwischen Asien und dem Westen ist.

Die Lamas waren beeindruckt von der seelischen Reife vieler Menschen im Westen und freuten sich darüber, daß ihre Schüler bereit waren, ernsthaft zu meditieren. Sie stimmten allerdings nicht ganz mit der westlichen Gewohnheit überein, Neues auszuprobieren und sich dann sofort in das nächste Abenteuer zu stürzen. Außerdem überraschte sie die emotionale Instabilität einiger Menschen, die sich zum Buddhismus hingezogen fühlten.

Wer ein gesundes Ich hat, profitiert von einer Philosophie, die das Anhaften verringert; wer sich jedoch unsicher fühlt, verstärkt möglicherweise seine Neurosen noch.

Anfangs verlangten viele Zentren, daß nur hohe Lamas initiieren durften. Das geschah auch, und die Schüler übten täglich und fleißig. Da der hohe Lama aber bald wieder in sein Kloster zurückkehrte, entwickelte sich keine enge Beziehung zwischen ihm und dem Schüler. Manche Schüler übten einige Zeit und wurden dann müde oder gelangweilt, oder sie gerieten in eine Lebenskrise und hörten einfach auf, ungeachtet ihrer Verpflichtungen.

Bei anderen traten während des Übens seelische Probleme auf. Manche Schüler entwickelten sich gut und üben heute noch, weil sie das Tantra nützlich und wohltuend finden.

Die Lamas erkannten, daß Vajrayana – und die Verpflichtung, täglich zu üben – für viele Menschen im Westen ungeeignet ist. Heute gibt es weniger Initiationen, und die meisten bestehen einfach aus einem Segen und stellen das tägliche Üben frei. Wenn Sie im Westen den tibetischen Buddhismus studieren wollen und schon einige Erfahrung und ein gutes Verhältnis zu einem Lama in einem nahegelegenen Zentrum haben, besteht dennoch die Möglichkeit, tiefer in das Vajrajana einzudringen.

Ich habe zehn Jahre lang täglich geübt und dabei unterschiedliche Erfahrungen gemacht. In den ersten paar Jahren traten einige seelische Störungen auf, und da der Lama, der mich initiiert hatte, in Indien war, konnte er mir keinen Rat geben. Mein Lehrer im Zentrum unterstützte mich, aber später erkrankte er und konnte mir ebenfalls nicht mehr helfen.

Andere Leute, vor allem erfahrene westliche Lehrer und Mitschüler haben mich in den letzten Jahren unterstützt. Ich bin froh, daß ich täglich geübt habe, aber manchmal mußte ich kämpfen, um nicht aufzuhören. Ich bin immer noch Anfängerin im Vajrayana, habe aber auch einigen Nutzen davon.

Wenn wir zornige Gottheiten preisen, fügen wir immer hinzu, daß sie uns nicht vom Wahrheitskörper oder von der Liebe ablenken.

Links: Ein Tibeter praktiziert Tantra mit Glocke und Trommel, den traditionellen Requisiten.

Wenn ein Schüler des Tantra solche Übungen macht, ohne zuvor ein starkes Mitgefühl entwickelt zu haben, schaden sie ihm mehr, als sie ihm nützen … Es ist äußerst wichtig, daß alle Voraussetzungen für das Praktizieren des Tantra erfüllt sind.

DER 14. DALAI LAMA

12
~
Der tibetische Buddhismus im Westen

Der Kern der buddhistischen Lehre verändert sich nicht. Er ist überall brauchbar. Die oberflächlichen Aspekte – Rituale und Zeremonien – sind dagegen nicht immer für ein neues Umfeld geeignet, und darum ändern sie sich. Wir können nicht voraussagen, was an einem bestimmten Ort aus ihnen wird – das ist ein Entwicklungsprozeß.

DER 14. DALAI LAMA

Unter den Hippies und Reisenden, die in den sechziger Jahren nach Osten zogen, waren einige, die sich vor ihrer Heimreise etwa ein Jahrzehnt später unwiderruflich verändert hatten. Ihr kollektiver Geist hieß die Kulturen dieser fernen Länder willkommen, vor allem weil sie exotisch waren; aber die Faszination der Religion als Teil des Alltags spielte ebenfalls eine wichtige Rolle.

Manche Menschen mögen diese Nahrung, andere jene. So bringt auch eine bestimmte Religion mehr oder weniger Nutzen. Die vielen spirituellen Lehren in der menschlichen Gesellschaft sind notwendig und nützlich, und es gibt zweifellos Menschen im Westen, für die der Buddhismus geeignet ist.

DER 14 DALAI LAMA

Die Reise durch die Türkei, den Iran, Pakistan und Afghanistan erreichte oft in Indien ihren Höhepunkt. Dort lebten Hindus, Moslems, Katholiken und Jainas Seite an Seite in einer Mischkultur. Wenn die Hitze des indischen Frühsommers die Westler in die Berge trieb,

Großes Bild: ***Der Dalai Lama 1996 vor dem Empfangskomitee im buddhistischen Zentrum Lam Rim, Wales.***

Links: ***Junge Leute aus dem Westen, die den Buddhismus studieren wollen. Dharamsala, 1970.***

begegneten manche von ihnen in Dharamsala dem tibetischen Buddhismus.

Für viele war das nur ein weiteres farbenprächtiges Spektakel, das sie eine Weile genossen, um sich bald fröhlich zu verabschieden, meist dann, wenn das Leben wegen des Monsuns nicht mehr so idyllisch war. Einige wenige wurden von dieser Lebensweise für immer geprägt und umgewandelt.

Manche Besucher gingen nach Nepal, meist nach Katmandu oder in die Umgebung, wo es ebenfalls eine tibetisch-buddhistische Gemeinde gab – mitten unter den Nepalesen, deren Religion vom Buddhismus ihres Nachbarn Tibet beeinflußt wurde.

Einige dieser Reisenden ließen sich nicht von den Drogen verführen, die in Katmandu erhältlich waren, und fanden Gefallen am tibetischen Buddhismus. So entwickelte sich eine zweite Gemeinde von Europäern, die sich in den Buddhismus und in die Kultur Tibets vertieften.

Unten: Eine Frau aus dem Westen vor dem hinduistischen Durga-Tempel in Dharamsala.

Natürlich begegneten sich der Westen und der Buddhismus in den sechziger Jahren nicht zum erstenmal. Im Laufe der Jahrhunderte waren einige Reisende und Gelehrte den gleichen Weg gegangen, wenn auch weniger extravagant, und hatten nach ihrer Rückkehr Bücher über ihre Erfahrungen und Forschungen geschrieben. Diese Werke blieben jedoch meist in esoterischen Bibliotheken stehen und fanden nur wenige Leser und noch weniger Nachahmer.

Diesmal beeinflußten der tibetische Buddhismus, der Hinduismus und der Islam die alternative, aber populäre Jugendkultur und regten die Phantasie vieler Menschen an.

Die jungen, oft idealistischen Reisenden, die in Dharamsala blieben, fanden in den Tibetern ein Volk, das einige ihrer Überzeugungen teilte, wenn auch innerhalb einer anderen Kultur. Der Wunsch nach Frieden und Liebe war Allgemeingut, und die Westler, die vor kurzem noch gegen den Vietnamkrieg demonstriert hatten, fühlten tiefe Sympathie für die Tibeter, die aus ihrem Land hatten fliehen müssen und dennoch für Gewaltlosigkeit warben.

Der Gedanke, das Bewußtsein zu transformieren, war ebenfalls nicht neu, wohl aber die angewandten Methoden.

Viele Hippies hatten mit Drogen experimentiert und rauchten Marijuana. Sie wußten also bereits, daß Realität ein relativer Begriff ist. Manche fühlten sich nun zur Meditation, einem langsamen, aber weniger gefährlichen Weg, hingezogen und suchten spirituelle Erfahrungen in sich selbst, anstatt sich auf äußere Substanzen zu verlassen.

Ende der sechziger Jahre und im folgenden Jahrzehnt wuchs die Gemeinde der Westler in McLeod Ganj und in den benachbarten Dörfern sowie in einsamen Hütten in den Bergen. Kurse über Meditation und buddhistische Philosophie für Leute aus dem Westen wurden eingerichtet – auch in Katmandu –, und nach anfänglichen Schwierigkeiten hatten sie großen Erfolg.

Ernsthaft Lernende suchten die höchsten Lamas auf und baten sie um Unterweisung, und diese Lehrer, die oft einfach lebten und damals noch erreichbar waren, taten ihnen den Gefallen gern. Einige Europäer wurden sogar ordiniert, und Menschen aus dem Westen, die tibetische Kleider trugen, waren bald ein gewohnter Anblick.

DIE RÜCKKEHR

Als der Buddhismus von Indien nach Tibet kam, besaß niemand die Autorität zu sagen: "Jetzt ist der Buddhismus in einem neuen Land, von nun an müssen wir ihn so oder so praktizieren." Einen solchen Beschluß gab es nicht. Der Buddhismus entwickelte sich allmählich, und mit der Zeit auch eine einzigartige Tradition. So könnte es auch im Westen sein: Vielleicht wird der Buddhismus im Laufe der Jahre mit der westlichen Kultur verschmelzen. Auf jeden Fall hat diese Generation – Ihre Generation –, die diesen Gedanken in neue Länder trägt, eine große Verantwortung. Sie muß die Essenz aufnehmen und sie ihrer eigenen Umwelt anpassen.

DER 14. DALAI LAMA

Das Leben in Asien ist anstrengend für den Körper und erquickend für den Geist, wenn man an die westliche Lebensweise gewöhnt ist. Fast alle, die in Asien lebten, litten an Krankheiten, von leichten Verdauungsstörungen bis zur tödlichen Hepatitis. Das verfehlte seinen Eindruck auf einige Westler in Indien und Nepal nicht und bestärkte sie in ihrem Wunsch, nach Hause zurückzukehren. Dennoch hatten diese Leute gemischte Gefühle, da die neue Kultur sie nach wie vor anzog. Manche wollten für immer in Asien bleiben.

Der indischen Regierung war die Anwesenheit der Siedler aus dem Westen nicht entgangen, und Anfang der achtziger Jahre änderte sie ihre Tourismuspolitik. Will-

Oben: ***Ein Mann aus dem Westen trägt zeremonielle Kleider und nimmt an einer Feuer-Puja im Kloster Drepung, Südindien, teil.***

kommen waren nur noch reiche Gäste, die das Land nach zwei Wochen Sightseeing wieder verließen, nicht aber Rucksacktouristen mit wenig Geld und Leute, die im Land leben wollten, ohne Devisen zu bringen.

Nicht alle Ausländer, die in Indien leben wollten, waren so verantwortungsbewußt wie diejenigen in Dharamsala, und zudem hatten die Inder es satt, drogensüchtigte und bankrotte Fremdlinge nach Hause zu schaffen.

Unten: Schüler aus dem Westen nehmen an der Einäscherung von Lama Yeshe im Vajrapani-Institut teil.

Seit 1984 wird von britischen Besuchern zum erstenmal ein Visum verlangt, und außerdem begann die Regierung mit "Säuberungsaktionen" an Ort und Stelle. Dharamsala war keine Ausnahme, und schon im Jahre 1985 wurden die meisten Leute aus dem Westen, die dort länger als ein Jahrzehnt gelebt hatten, nach Europa oder Amerika zurückgeschickt. Obwohl diese Rückkehr von den Behörden erzwungen worden war, war sie zugleich ein natürlicher Vorgang, der auch von dem Wunsch ausgelöst worden war, das Wissen über den tibetischen Buddhismus mit Landsleuten zu teilen.

DER TIBETISCHE BUDDHISMUS IM WESTEN

Ein bemerkenswertes Phänomen der beiden letzten Jahrzehnte war das rasch zunehmende Interesse am Buddhismus im Westen … Ich freue mich, wenn jemand Nutzen aus dem Buddhismus zieht. Wenn die Leute aber ihre Religion wechseln wollen, rate ich ihnen meist, darüber gründlich nachzudenken. Der plötzliche Übertritt zu einer neuen Religion kann seelische Konflikte auslösen und ist fast immer schwierig.

DER 14. DALAI LAMA

Einige unter den ersten westlichen Besuchern, die den tibetischen Buddhismus in Asien kennengelernt hatten, wollten dort nicht länger als ein paar Monate oder ein bis zwei Jahre leben. Manche hatten bereits buddhistische Zentren gegründet und tibetische Lamas in den Westen gebracht, damit sie diese Zentren leiteten. Die Zentren lockten viele Interessenten an, die weder in Indien noch in Nepal gewesen waren und die tibetische Kultur nicht kannten, auf die der tibetische Buddhismus aber einen tiefen Eindruck hinterlassen hatte.

Unter diesen Umständen waren kulturelle Mißverständnisse unvermeidlich: Tibetische Texte wurden schlecht übersetzt, und die Erwartungen vieler tibetischer Lehrer und ihrer Schüler wurden enttäuscht.

Die meisten ließen sich von solchen Problemen nicht stören; aber die Schwierigkeiten einzelner wirkten sich auf die Stimmung der Gruppe aus. Es wurde offensichtlich, daß der tibetische Buddhismus sich ohne gewisse Anpassungen nicht für alle Menschen im Westen eignete.

Darum begannen westliche Kenner der tibetischen Kultur, den tibetischen Buddhismus in ihrer Heimat zu lehren. Sie konnten und wollten zwar nicht die Lamas ersetzen, aber sie verstanden, welche seelischen Probleme viele ihrer oft jungen Landsleute zum Buddhismus hinzogen, und sie wußten, daß die Lamas nicht immer darauf eingingen.

Der tibetische Buddhismus sprach nicht nur Menschen an, die sich ernsthaft mit ihm beschäftigen und davon in ihrem Leben profitieren wollten, sondern auch Neurotiker und verkrachte Existenzen, die nach einer Lösung ihrer Schwierigkeiten suchten und dabei unrealistische Erwartungen hegten. Das führte zu Enttäuschungen und manchmal zu Auseinandersetzungen in den Zentren.

Die erfahrenen westlichen Lehrer waren also mit einigen heiklen Problemen konfrontiert, wenn sie Kurse über den tibetischen Buddhismus und Meditation abhielten.

Obwohl der Buddhismus letztlich ein integrierter spiritueller Pfad zur Erleuchtung ist, mußten manche Menschen erst Erfahrungen mit anderen Methoden sammeln, ehe sie diesen Weg gehen konnten. Hier konnte die Psychotherapie ergänzend überaus wertvolle Dienste leisten.

Oben: Namkhai Norbu mit einer Gruppe westlicher Schüler bei einem Besuch in Tibet.

Manche westliche Anhänger des Buddhismus waren ohnehin an der Psychotherapie interessiert oder gar darin ausgebildet, und es zeigte sich, daß eine Verbindung zwischen der Psychotherapie und dem Buddhismus dazu beitrug, seelische Probleme zu lösen und Kurse über Buddhismus und Meditation zu planen.

TIBETTISCHER BUDDHISMUS UND DIE ANDEREN BUDDHISTISCHEN TRADITIONEN

Auch unter Buddhisten gibt es verschiedene Schulen, verschiedene Arten der Ausübung. Wir sollten nicht behaupten, daß eine Lehre besser, eine andere schlechter sei. Sektiererisches Gehabe und Kritik an anderen Lehren oder Schulen sind sehr schlecht und zerstörerisch.

DER 14. DALAI LAMA

Rechts: ***Lama Zopa Rimpoche mit Schülern aus dem Westen auf einer Reise nach Tibet.***

Einige Anhänger des tibetischen Buddhismus hatten Vipassana nach der burmesischen, ceylonesischen und thailändischen Tradition praktiziert, andere hatten sich mit Zen befaßt. Sie waren der Meinung, daß verschiedene Methoden sich harmonisch ergänzen, und nahmen sie in die Kurse auf, die sie abhielten. Diese Synthese spiegelt sich in einer westlich-buddhistischen Organisation wider, die Sangharakshita 1967 unter dem Namen "Freunde des westlich-buddhistischen Ordens" gründete.

Diese unterschiedlichen Ansätze kommen verschiedenen Menschen entgegen, und manche Schüler und Lehrer sind davon überzeugt, daß es für sie am besten ist, sich nach einer einzigen Schule zu richten, während andere glauben, eine Synthese aus mehreren Traditionen werde allmählich einen westlichen Buddhismus hervorbringen. Im allgemeinen kommen diese Schulen gut miteinander aus; sie diskutieren und praktizieren gemeinsam, ohne die Reinheit ihrer Lehre aufzugeben.

Der tibetische Buddhismus mit seinen vier Schulen blüht in dieser großen buddhistischen Wiese. Viele Zentren beschränken sich auf ihre eigene Tradition; andere bieten Kurse über den tibetischen Buddhismus, Vipassana

und Psychotherapie an. Abgesehen von wenigen Ausnahmen, herrscht buddhistische Toleranz, und der tibetische Buddhismus bereichert heute das Leben vieler Menschen im Westen.

DER TIBETISCHE BUDDHISMUS IM HEUTIGEN WESTEN

Am wichtigsten ist es, die Religion im täglichen Leben zu praktizieren; nur dann erkennt man allmählich ihren wahren Wert … Ich hoffe, Sie stürzen sich mit einem guten Herzen in die Praxis und tun etwas für die westliche Gesellschaft. Dafür bete ich.

DER 14. DALAI LAMA

Der Geist des tibetischen Buddhismus gewinnt im Westen immer mehr an Kraft. Es ist kaum möglich, diese Kraft an der Zahl der Zentren zu messen, da diese ständig zunimmt. Heute gibt es über tausend kleine und große Zentren in der Welt. Interessanter dürfte es sein, die Entwicklung einiger Zentren von ihrem spontanen Beginn an zu verfolgen. Sie wurden aus der Begeisterung der tibetischen Lamas und ihrer Schüler geboren.

Jamyang, ein Zentrum der Gelugpa-Schule, hieß ursprünglich Manjushri, weil es mit dem Manjushri-Zentrum in Cumbria verbunden war. Das letztere ist jetzt das Hauptquartier der Neuen Kadampa-Schule. Zunächst besaß Jamyang kein eigenes Gebäude, und interessierte Leute trafen sich seit 1972 in verschiedenen Wohnungen, in der leeren kambodschanischen Botschaft und im Haus der buddhistischen Gesellschaft.

Die Anregung, dieses Londoner Zentrum zu gründen, kam von Lama Yeshe, Geshe Kelsang und Lama Zopa, die alle drei regelmäßig in die Stadt kamen, um zu

Rechts: ***Westliche Mönche und Nonnen beim Gebet im tibetischen Zentrum Samye Ling in Schottland.***

unterrichten. Im Jahr 1982 wurde endlich ein Haus in der Nähe des Finsbury-Parks im Norden Londons gekauft und zum ersten Gelugpa-Zentrum der Stadt umgebaut. Der Lama Geshe Wangchen zog dort ein, und die Zahl der Studenten wuchs. Der Gompa (Altarraum) war überfüllt, wenn Geshela, wie sein Spitzname lautete, Kurse abhielt.

Gelegentlich kam ein hoher Lama zu Besuch, unterrichtete und initiierte. Ende der achtziger Jahre wurde Geshe Wangchen schwer krank und mußte nach Indien zurückkehren. John Feuille, ein amerikanischer Mönch, sprang ein und unterrichtete zusammen mit tibetischen Lamas, die zu Besuch kamen, und anderen westlichen Mönchen und Nonnen. Anfang der neunziger Jahre kam Geshe Tashi und blieb als ständiger Lehrer. John und einige erfahrene Schüler unterstützen ihn.

Bald mußte die Gemeinde sich nach einem größeren Haus umsehen, weil das Zentrum am Finsbury Park die vielen Schüler nicht mehr unterbringen konnte. Auf Anraten von Lama Zopa, der immer noch der spirituelle Leiter des Zentrums war, sammelten die engagierten Schüler einen enormen Geldbetrag und erwarben ein altes Justizgebäude im Süden Londons, das sich allerdings in sehr schlechtem Zustand befand. Die notwendige Renovierung dauerte über ein Jahr und war vor allem das Werk von freiwilligen Helfern.

Heute ist Jamyang ein gut geführtes Zentrum, in dem regelmäßig Kurse über Meditation, buddhistische Philosophie und andere Themen stattfinden. Man sieht immer noch einige der alten Gesichter, aber jede Woche kommen auch neue Leute, besonders an tibetisch-buddhistischen Feiertagen.

Jewel Heart wurde 1986 in Ann Arbor, Michigan, gegründet und veranstaltet heute noch öffentliche Vorträge, Meditationskurse und Lehrgänge über den tibetischen Buddhismus. Kyabje Gelek Rimpoche, der spirituelle Leiter dieses Zentrums, ist mit der Familie des 13. Dalai Lama verwandt. Er hat in Drepung bei den Lehrern des heutigen Dalai Lama studiert und mußte 1959 ins Exil fliehen. Nach mehreren Jahren in Indien zog er in die USA.

Kyabje Gelek Rimpoche spricht fließend Englisch und hat sich erstaunlich leicht an die westliche Kultur gewöhnt. Er ist also der ideale Lehrer für Amerikaner. Sein Hauptziel ist es, den traditionellen Buddhismus der heutigen Zeit anzupassen. Kürzlich wurde er amerikanischer Staatsbürger, und er zieht in seinen Kursen immer wieder Beispiele aus der amerikanischen Politik und Kultur heran.

Für die Schüler gibt es ein Programm, das auch angeschlossene Zentren in anderen Städten übernommen haben. Es umfaßt Wochen- und Monatskurse und jährlich zwei Meditationswochen, an denen sich viele Schüler aus den USA, Holland, Malaysia und Singapur beteiligen. Außerdem gibt es Kurse im Thanka-Malen sowie Vorträge von Gastlamas und von Kyabje Gelek Rimpoche. Der verstorbene Allen Ginsberg, ein Vorstandsmitglied des Zentrums, las dort aus seinen Werken.

Im April 1994 besuchte der Dalai Lama das Zentrum in Ann Harbor. Zu den Veranstaltungen in der Universität von Michigan gehörten ein öffentlicher Vortrag des Dalai Lama, ein tibetisches Kulturfestival mit Ausstellung und ein Klavierabend des berühmten modernen Komponisten Philip Glass, der dem Vorstand von Jewel Heart angehört.

Heute gibt es etwa vierhundert Zentren in den USA. Einige sind klein und haben nur wenige Mitglieder; sie sind einem Kloster oder einem bestimmten Lehrer verbunden. Andere – darunter viele Meditationszentren – sind sehr groß. Erfahrene Lehrer, die seit langem in den

Ganz rechts: *Ein Chenrezig-Gemälde von Peter Iseli.*

Unten: *Lama Zopa in der Londoner Friedenspagode.*

USA sind, zum Beispiel Geshe Michael Roach und Thubten Chodron (früher Cherry Green) arbeiten daran, reine Schulen des tibetischen Buddhismus in Amerika zu gründen. Vor vier Jahren hatte Geshe Michael nur eine Handvoll Schüler; heute sind es über sechzig. Ein ähnliches Interesse besteht in vielen Ländern der Welt, und neue Zentren haben großen Erfolg.

Jedes Zentrum hat also seine eigene Geschichte und sein eigenes Flair, je nach dem Land, in dem es gegründet wurde, und je nach der tibetischen Schule, zu der es gehört. Aus kleinen, begeisterten Gruppen, die sich in Wohnungen trafen, haben sich häufig Gemeinden mit eigenen Häusern für spirituelle Zwecke entwickelt. Oft stehen die Zentren scheinbar unüberwindlichen finanziellen Problemen gegenüber; aber es finden sich immer wieder Mäzene, die den Traum von einem neuen Altarraum oder einem größeren Haus wahr machen. Vieles ist Schülern zu verdanken, die ihre Freizeit für ihr Zentrum opfern, damit die kostbaren Lehren des tibetischen Buddhismus allen Besuchern zugute kommen.

Dieser Geist des Gebens ist ein Fundament des Buddhismus und spiegelt sich auch in den Aktivitäten einiger Schüler wider. Sie bringen den Obdachlosen in den meisten Großstädten Essen und schicken einigen der ärmsten Gemeinden in Indien Kleider. Manchmal gründen sie Stiftungen für diese Zwecke, etwa Rokpa, das auf der ganzen Welt tätig ist.

Diese praktische Hilfe zeigt vielleicht mehr als die Zahl der Zentren, daß der Buddhismus im Westen Fuß gefaßt und sich mit der traditionellen christlichen Barmherzigkeit verbunden hat.

Niemand weiß, was aus dem tibetischen Buddhismus in seinem Ursprungsland, in den tibetischen Exilgemeinden und im Westen wird. Jedenfalls hat der Buddhismus im Westen nicht nur Erfolge vorzuweisen.

Ich habe Leute aus dem Westen getroffen, die anfangs begeistert von dieser Religion waren, sie jedoch nach ein paar Jahren völlig vergessen hatten – nicht einmal Spuren deuten auf ihre Vergangenheit hin. Das liegt daran, daß sie zuviel erwarteten.

Der 14. Dalai Lama

Doch der tibetische Buddhismus ist im Westen, um dort zu bleiben, obwohl er wahrscheinlich immer eine Außenseiterrolle spielen wird, selbst wenn die Zahl der Menschen wächst, die sich Buddhisten nennen. Die Lehre des Buddha, das Dharma, verfolgt das Ziel, das Leiden der Existenz zu überwinden, und wir müssen eine lebendige, authentische Tradition wie den tibetischen Buddhismus daran messen, welchen Beitrag er dafür leistet.

> *Es ist nur dann sinnvoll, dem Dharma zu folgen, wenn es uns transformiert. Sonst ist es nichts weiter als ein Trost, eine Zerstreuung, eine Faszination oder eine Besessenheit … Person und Praxis sind nicht voneinander zu unterscheiden.*
>
> STEPHEN BATCHELOR

Mitgefühl – unsere universelle Verantwortung

Der Dalai Lama weist oft darauf hin, wie wichtig die totale Verantwortung für jeden Menschen ist, innerhalb wie außerhalb einer Religion. Mitgefühl ist die spontane Reaktion auf das Leiden, und zusammen mit universeller Verantwortung ist es ein guter Weg zum Frieden. Die folgenden Passagen sind öffentlichen Vorträgen des Dalai Lama entnommen.

Die Menschheit ist mit einigen Problemen konfrontiert, die sie meist selbst geschaffen hat. Der beste Weg, diese Probleme zu lösen, ist meiner Meinung nach gegenseitiges Verständnis, dessen Grundlage Mitgefühl sein muß. Wenn wir die Natur des Menschen von der Geburt bis zum Tod näher betrachten, dann stellen wir fest, daß Zuneigung und Mitgefühl die wichtigsten menschlichen Empfindungen sind. Ohne sie kann der Mensch nicht überleben. Darum halte ich es für notwendig, ein Gefühl der universellen Verantwortung auf der Basis des Mitgefühls, der Liebe und der Vergebung zu entwickeln.

Mitgefühl ist nicht Mitleid oder Sympathie. Es ist, glaube ich, echte Zuwendung. Mitgefühl stärkt unseren Sinn für Verantwortung. Dabei dürfen wir aber nicht vergessen, daß Mitgefühl und Liebe nicht überwiegend religiös motiviert sind.

Religion ist etwas sehr Gutes; doch manchmal scheinen mir Religion und Ethik eine Art Luxus zu sein. Wir können auch ohne Religion zurechtkommen, aber ohne Mitgefühl und Liebe können wir nicht überleben.

Jeder Mensch hat ungeachtet seiner kulturellen Herkunft, seines Glaubens und seiner sozialen Verhältnisse von Natur aus ein "Ichgefühl". Dieses Ichgefühl geht mit dem Wunsch einher, glücklich zu sein und das Leiden zu überwinden; es existiert, seitdem es Menschen auf der Erde gibt. Es bestimmt die gesamte menschliche Entwicklung und Geschichte. Daran wird sich trotz aller materiellen und technischen Fortschritte nie etwas ändern.

Das müssen Sie erkennen und Ihrer eigenen Erfahrung entnehmen. Wenn jemand Sie liebevoll anlächelt, sind Sie glücklich. Wenn jemand Sie böse ansieht, fühlen Sie sich unwohl. Sie müssen begreifen, daß die anderen ebenfalls menschliche Wesen sind, die Liebe und Mitgefühl suchen. Wenn Sie verläßliche Freunde haben möchten, brauchen Sie also Liebe, Mitgefühl, Aufrichtigkeit und Offenheit.

Wissenschaft und Technik sind heute derart entwickelt, daß die militärische Zerstörungskraft eine echte Gefahr ist. Unter diesen Umständen halte ich es für wichtig zu erkennen, daß alle Menschen eins sind. Darum sind Liebe und Güte eine Art universelle Religion. Selbst wenn Sie die Religionen ablehnen, brauchen Sie Liebe und Güte.

Ein Gehirnforscher erklärte mir, für ein ungeborenes Kind sei der seelische Zustand der Mutter sehr wichtig. Außerdem sei es von größter Bedeutung für die Entwicklung des kindlichen Gehirns, daß die Mutter ihr Kind zärtlich berührt. Das beweist, daß der Mensch Zuneigung wirklich braucht.

Manchmal gibt es Konflikte zwischen kurz- und langfristigen Einstellungen. Aber um unseres Planeten willen müssen wir unbedingt langfristig denken. In

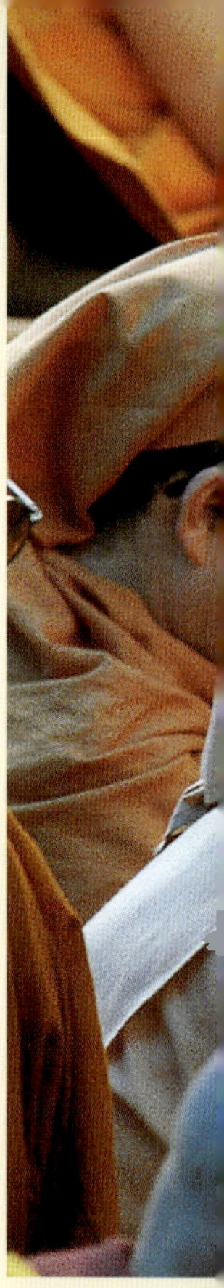

Oben links: Eine christliche Nonne nimmt an einer Unterweisung des Dalai Lama 1997 in Dharamsala teil.

Oben: Eine Nonne, die im Kloster Ganden Choeling studiert.

Links: Tibetische Kinder in einem Dorf bei Lhasa.

Unten links: Ein Mönch verteilt bei einer Audienz des Dalai Lama gesegnete Fäden.

unserer weltweiten Krise können wir nicht ein paar Politiker zu Sündenböcken machen – die ganze Menschheit, jeder einzelne Mensch ist verantwortlich. Darum, Brüder und Schwestern, sollten Sie versuchen, sich einige dieser Überlegungen zu Herzen zu nehmen und sie anderen nahezubringen, sofern Sie damit übereinstimmen.

Jungen Menschen fällt es offenbar leichter, Gefühle auszudrücken. Sie sind ehrlicher. Wenn wir älter werden, werden Umwelt und Verhältnisse komplizierter. Unsere Jugend, die neue Generation, spielt eine entscheidende Rolle. Es ist ermutigend, daß so viele junge Menschen versuchen, die Idee einer gewaltlosen und mitfühlenden Gesellschaft in die Tat umzusetzen.

Ich hoffe, das nächste Jahrhundert wird ein Zeitalter des Dialoges und nicht des Tötens sein. Dieses 20. Jahrhundert war wohl das schlimmste, was das Morden und Blutvergießen durch den Menschen betrifft. Wir haben mit Gewalt und Krieg experimentiert, um damit Probleme zu lösen – aber wir sind gescheitert. Es wäre sinnvoller, das Geld, das wir für Waffen ausgeben, für friedliche Zwecke zu verwenden.

Rechts: Eine junge tibetische Mutter mit ihrem Kind.

Der Dialog ist der bessere Weg, und wir sehen jetzt einige Ansätze dafür. Solange es Menschen auf Erden gibt, wird es Meinungsverschiedenheiten geben – unser Planet wäre sicherer, wenn es keine Menschen gäbe. Aber niemand stirbt gerne! Und wir sind bereits da. Wir haben ein großes Potential zum Guten, und wenn wir unseren Verstand mit einem guten Herzen verbinden, können wir altruistisch sein. Tiere können das nicht, insofern sind wir einzigartig.

Mitgefühl ist die Quelle des gewaltlosen Handelns, und es schenkt uns innere Kraft und geistigen Frieden. Wir lächeln öfter, und wir haben mehr Freunde, wenn wir mitfühlend sind. Darum ist Mitgefühl etwas sehr Kostbares. Es öffnet inneren Türen und hilft uns, mit anderen Menschen und sogar mit Tieren zu kommunizieren, Unsicherheit und Furcht zu überwinden und Selbstvertrauen zu entwickeln.

Haß, Zorn und Eifersucht trüben den Geist; sie schließen unsere innere Türen, erschweren die Kommunikation und zerstören die seelische Gesundheit. Es ist ein verbreiteter Irrtum zu glauben, Zorn sei unser Beschützer und bringe uns Energie. Wenn wir genauer hinsehen, wird uns klar, daß er "blinde Energie" bringt. Die Erkenntnis, daß solche Emotionen schädlich sind, hilft uns, ihnen vorzubeugen.

Oben links: Tibetische Schulkinder mit gefalteten Händen – eine Geste des Respekts und der Begrüßung. Ein Mädchen hält ein Foto des Dalai Lama in den Händen.

Oben rechts: Alte Tibeterinnen mit Gebetsmühlen in Mundgod, Südindien.

Links: Tibeterinnen mit Malas, Weihrauch und Katas warten in Dharamsala auf den Dalai Lama.

GLOSSAR BUDDHISTISCHER AUSDRÜCKE

Bodhicitta: der altruistische Geist, der nach Erleuchtung strebt, um alle Wesen zu erlösen.

Bodhisattva: ein Mensch mit Bodhicitta auf dem Weg zur Erleuchtung.

Buddha: ein erleuchtetes Wesen; das erste der Drei Juwelen.

Buddha Shakyamuni: der historische Buddha, Siddhartha Gautama.

Buddhadharma: die Lehre des Buddha.

Chakra: "Kreis"; ein Energiezentrum oder feinstoffliches Nervenzentrum im Körper.

Dharma: hier die Lehre des Buddha, das zweite der Drei Juwelen.

Drei Juwelen: Buddha, seine Lehre und seine Gemeinde. Das ist alles, was ein Mensch braucht, um die Erleuchtung zu erlangen.

Gelugpa: eine der vier Hauptschulen des tibetischen Buddhismus.

Geshe: ein Ehrentitel, meist für einen Mönch der Gelugpa-Schule, der nach intensivem Studium eine Prüfung bestanden hat und fortan lehren darf.

Gottheit: ein Buddha in symbolischer Gestalt (freundlich oder zornig).

Guru: ein spiritueller Lehrer oder Meister.

Hinayana: wörtlich, aber etwas irreführend, "kleines Fahrzeug". Seine Anhänger streben nach individueller Erleuchtung. Das Hinayana ist die Grundlage des Mahayana.

Kagyüpa: eine der vier Hauptschulen des tibetischen Buddhismus.

Karma: alles, was wir denken, sprechen und tun. Einerlei, ob es gut oder schlecht ist, es beruht auf Illusion und ist somit die Ursache für weitere Wiedergeburten. Gutes bewirkt eine gute Wiedergeburt, Böses eine schlechte. Karma wirkt über viele Leben hinweg, und die Verhältnisse müssen zulassen, daß es "reifen" kann. Es ist also komplexer als Ursache und Wirkung.

Lama: spiritueller Lehrer oder Guru, nicht immer ein Geshe.

Mahayana: wörtlich: "großes Fahrzeug". Seine Anhänger streben nach Erleuchtung für alle empfindenden Wesen.

Mantra: eine heilige Silbe, die meist viele Male wiederholt wird.

Meditation: im tibetischen Buddhismus gibt es zwei Hauptformen: die analytische Meditation und die meditative Konzentration. Beide schulen den Geist und transformieren das Bewußtsein mit dem Ziel, die Erleuchtung zu erlangen.

Mitgefühl: der Wunsch, alle Wesen vom Leiden zu erlösen.

Mo: ein Orakel, bei dem man betet und würfelt.

Nektar: eine Gabe für den Buddha oder für Buddhas, bei Zeremonien meist visualisiert oder durch Tee oder Alkohol ersetzt. Man sagt, ein erleuchtetes Wesen – ein Buddha – könne Unreines in Nektar verwandeln.

Nyingmapa: eine der vier Hauptschulen des tibetischen Buddhismus.

Orakel: ein Mensch, der einem Schutzgeist als Medium dient. Der Geist erscheint, nachdem das Medium in zeremonielle Gewänder gekleidet wurde und sich in Trance befindet.

Reinkarnation: hier ein Synonym für Wiedergeburt.

Rimpoche: wörtlich "der Kostbare". Anrede für einen reinkarnierten Lama, der in seiner Jugend auch Tulku heißt.

Sadhana: ein religiöser Text, in dem es um tantrische Übungen, Mantras, Visualisierung und Gebete geht.

Samsara: der "Kreislauf der Wiedergeburten" vor der Erleuchtung, die zum Nirwana führt.

Sangha: die spirituelle Gemeinschaft, aber auch die Mönche und Nonnen, das dritte der Drei Juwelen.

Schutzgeist: eine zornige Gottheit, die einen Menschen oder ein Land beschützt.

Stupa: ein religiöses Gebäude in einem bestimmten Stil, das die inneren Merkmale Buddhas symbolisiert.

Sunyata: wörtlich "Leere"; eine Philosophie, die davon ausgeht, daß alle Dinge leer, unbeständig, nicht wesenhaft und leidvoll sind.

Sutra: eine gesprochene oder niedergeschriebene Lehrrede Buddhas.

Tantra oder Tantrayana: das Vajrayana; wörtlich "Kontinuität". Meist ist damit eine Verehrung von Gottheiten gemeint, deren Ziel es ist, Körper, Sprache und Geist zu transformieren.

Tulku: *siehe* Rimpoche.

Vajrayana: *siehe* Tantra.

Wahre Wirklichkeit: die Tatsache, daß alle Dinge "leer", d. h. nicht wesenhaft sind und von ihren Bestandteilen abhängen.

Yidam: die persönliche Gottheit eines Initiierten, die er durch Meditation, Mantras und Visualisierung verehrt.

LITERATURVERZEICHNIS

Bücher

Avedon, John F., *In Exile from the Land of Snow*,
Wisdom Publications, 1985

Batchelor, Stephen, *The Awakening of the West*,
Aquarian, 1994

Batchelor, Stephen, *Der Große Tibetführer*,
Steiger, 1993

Bell, Sir Charles, Portrait of a Lama: The Life and Times of the Great Thirteenth,
Wisdom Publications, 1987

Gyatso, Tenzin (14. Dalai Lama), *A Policy of Kindness*,
Snow Lion Publications, 1993

Gyatso, Tenzin (14. Dalai Lama), *Freedom in Exile*,
Abacus, 1992

Gyatso, Tenzin (14. Dalai Lama), *Kindness, Clarity, and Insight*,
Snow Lion Publications, 1984

Norbu, Thubten Jigme, und Colin Turnball, *Tibet: Its History, Religion and People*, Pelican Books, 1972

Snelling, John, *The Elements of Buddhism*,
Element Books, 1990

Zeitschriften

Shambhala Sun, Bd. 5, Nr. 2
(November 1996, Boulder)

Videos

A Man of Peace
(The Meridian Trust and The Tibet Office of Information and International Relations, London, 1989)

Contribution of the Individual to World Peace
(The Meridian Trust, London, 1984)

In the Presence of Compassion: H.H. The Dalai Lama's UK Visit 1993
(The Meridian Trust, London, 1993)

In the Spirit of Free Enquiry
(The Meridian Trust, London 1993)

Peace in Action: H.H. The Dalai Lama's UK Visit 1996
(The Meridian Trust, London, 1996)

Secular Meditation
(The Foundation for Universal Responsibility, Delhi, 1995)

The Last Resort
(Majo Film, Denmark, 1991)

NACHWEIS DER FOTOS

Robert Beer: 27, 61.

Camera Press: 28–29.

Ministerium für Information und internationale Beziehungen, Dharamsala: 24, 30u, 69, 71or, 71ur, 79, 80, 81, 91, 114–115mu.

Dewachen Cultural Center, S. Africa/Guy Lieberman:103.

Christopher Gibb: 155ur, mit freundl. Erlaubnis von Christopher Gibb 39, 68; ILN Picture Library 42, 43; Lam Rim Buddhist Centre/Simon Ferguson 142; Rajiv Mehrotra 64, mit freundl. Erlaubnis von Roger Mouland 20; Office of Tibet, London 95, 98; Hugh Richardson 18, 72; Royal Geographical Society/E. H. Wilson 23; Samye Ling Tibetan Centre 150; The Marsh Agency/ Heinrich Harrer 90, Sammlung des Meridian Trust 113, 125.

Mit freundl. Erlabnis von Rigpa: 82, 109m, 112o, 120, 122, 123, 124; Paul Dacre 137r; Raphaele Demandre 88–89, 109ur; Michael Kern 63; Guy Lieberman 103; Jonathan Treasure 62; Cliff Venner 112u.

Tibet Images: 28, 31, 32, 35, 41, 44, 55ul, 76, 83; Diego Alonso 10–11or, 72-73; Art Society, Amsterdam 32–33, 77, 118; Diane Barker 3, 6, 54ol, 53ur, 54–55, 56–57, 57ml, 86–87, 107, 114–115ul, 117ur, 155ol, 155ul, 155or; Robin Bath 10–11ul, 15or, 48, 49, 108–109o, 109or, 126, 127, 133, 137l, 141, 146, 148–149, 152; Brian Beresford 57ol, 61 (Hintergrund), 64–65, 67, 74, 75, 85, 88, 93, 94, 96–97, 99, 101,102, 105ur, 116, 130, 132, 136, 143, 147; Sammlung von Brian Beresford 21, 60; Markus Bollen 20–21, 39; Michael Shaw Bond 22; Jerry Callow 8, 9, 114–115ur; Ian Cumming 2, 5, 66–67, 114–115ol, 128, 129, 140; Tenzin Dorje 156–157or; Mike Ford 17, 26, 74–75; Irene Greve 44–45; Greta Jensen 46u, 47ol, 50-51, 92; Maurice Joseph 25; Norma Joseph 104–105; Gavin Kilty 55ol, 57or, 57ur; Irene Kristalis 34; Mani Lama 10–11um, 108–109u, 114–115ml; Chris Langridge 86; Sarah Lock 138–139, 156–157; B. Luther 108, 131; Edwin Maynard 51; John Miles 14; Catherine Platt 10–11ol, 15ur; Francesco Prevosti 135; Ron Schwarz 30u; Jirina Simajchlova 10–11ur, 46ol, 105or, 111, 114–115m,1 56; Eitan Simanor 110; Vladimir Sis und Jan Vanis 19; Irene Slegt 7; Sean Mayne Smith 70; Vanessa Smith 52, 55or, 78–79, 156, 157ol; Sean Sprague 37, 40, 42–43, 46or, 46–47, 47or, 47ur, 117or; Merilyn Thorold 55ur, 55mr; Mike Tibbetts 84; David Tomory 144, 145; Don Weedon 134; Kim Yeshi 58, 58–59, 106, 120–121

(o = oben, m = Mitte, or = oben rechts, ml = Mitte links, ul = unten links, or = oben rechts, mr = Mitte rechts, ur = unten rechts

REGISTER

ཨོཾ་མ་ཎི་པདྨེ་ཧཱུྃ